VORWORT

Dieses Arbeitsheft will dir grundlegende Kenntnisse vermitteln, die du für deine Mitarbeit im Erdkundeunterricht brauchst. Zugleich will es dir aber auch helfen, in der Schule Gelerntes zu festigen und zu vertiefen.

Du findest in den Kapiteln Aufgaben unterschiedlichster Art. Sie machen das Heft abwechslungsreich und regen dich zum Nachdenken und zur Diskussion mit Mitschülern an. Manches wird dir leicht, anderes etwas schwerer erscheinen. Aber selbst ein paar „harte Nüsse" werden gewiß nur deinen Ehrgeiz steigern, sie zu „knacken".

Vielleicht bist du ein junger „Forscher" und arbeitest gern allein, ohne Hilfe durch Lehrer oder Mitschüler. Dann möchtest du sicherlich die meisten oder sogar alle Aufgaben in diesem Heft selbständig lösen. Das gelingt dir leicht, wenn du die Aufgaben der Reihe nach bearbeitest und alle Anweisungen genau beachtest.

Manche Schülerinnen und Schüler sind jedoch unsicher, ob sie eine Aufgabe richtig gelöst haben. Wenn du zu diesen „Vorsichtigen" gehörst, notiere deine Lösung zunächst auf einem Zettel, um sie mit den Ergebnissen deiner Mitschüler zu vergleichen. Sollte dir ein Fehler unterlaufen sein, kannst du alles noch einmal durchdenken oder dir einen Hinweis auf den richtigen Lösungsweg geben lassen.

Bist du sicher, die richtige Lösung gefunden zu haben, trage sie sauber in das Arbeitsheft ein. So erhältst du eine interessante und anregende Sammlung wesentlicher Erkenntnisse, die dir jederzeit zum Nachschlagen und Wiederholen zur Verfügung steht. Wenn dir das Heft darüber hinaus Anregungen zum Weiterdenken gibt, wird nicht nur dein Wissen erweitert, sondern auch deine Mitarbeit im Unterricht gesteigert.

Und nun viel Spaß und guten Erfolg bei der Arbeit!

D1699254

1

I. ORIENTIERUNG AUF DER ERDE

1. Die Erde hat eine Kugelgestalt

1. Schon seit Jahrhunderten war man von der Kugelgestalt der Erde über-
   zeugt. Aber erst in unserem Jahrhundert wurde sie durch Fotos bewie-
   sen. Der Russe Gagarin umkreiste 1961 als erster Mensch in einer
   Raumkapsel die Erde. Dabei sah er zum erstenmal die Krümmung des
   Erdballs. Als 1968 drei amerikanische Astronauten als erste den Mond
   umrundeten, machten sie während ihrer Mondumkreisung das untenstehende Foto von der Erde. Überlege, warum die Erde auf diesem Bild
   nicht als vollständige Kugel erscheint, und ergänze folgende Sätze:

Auf dem Astronautenbild beleuchtet die _____ nur die _____

Hälfte der Erde. Darum erscheint die _____ wie eine _____kugel.

Als die Aufnahme gemacht wurde, stand die _____ senkrecht _____

den Astronauten.

2. Schon vor den ersten Weltraumfotos gab es längst Hinweise auf die Kugelgestalt der Erde. Die folgende „Bildergeschichte" zeigt dir z.B. einen Vorgang, der auf die Kugelgestalt schließen läßt. Beobachte das Schiff in den 3 Bildern! Fülle dann in den darunterstehenden Sätzen die Lücken aus! Benutze dazu folgende Wörter in richtiger Reihenfolge:

Schiff – Schiff – Küste – Küste – Meer – Meer – Krümmung – Krümmung – Aufbauten – Eindruck

Wer von der _____ aus mit den Augen einem aufs _____ hinausfahrenden Schiffe folgt, hat den _____, als ob das _____ im _____ versänke. – In Wirklichkeit verschwindet es hinter der _____ des Erdballs. Wenn ein Schiff sich von See her der _____ nähert, so sieht man zuerst nur die _____. Allmählich scheint dann das _____ aus dem Wasser aufzutauchen. Es kommt hinter der _____ der Erde hervor.

3. Du hast sicherlich schon das Wort „Horizont" gehört. Man nennt ihn auch Gesichtskreis. Das ist die Linie, die unser Blickfeld begrenzt, wenn wir uns draußen um die eigene Achse drehen und die Umwelt betrachten. – Wie verändert sich die Sicht, wenn du in einem Hochhaus aus verschiedenen Stockwerken aus dem Fenster siehst? Formuliere einen Satz:

Je höher ich

4. Betrachte die folgende Abbildung und setze die Buchstaben A, B, C ein!

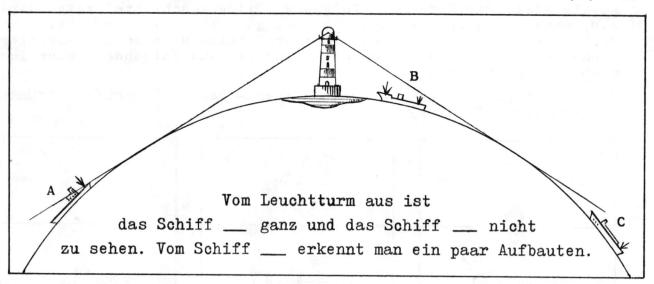

Vom Leuchtturm aus ist
das Schiff ___ ganz und das Schiff ___ nicht
zu sehen. Vom Schiff ___ erkennt man ein paar Aufbauten.

5. Leuchttürme sollen von der Küste oder von Inseln aus den Schiffen den Weg weisen. Schon immer baute man sie besonders hoch. Begründe das, indem du in den folgenden Sätzen die Lücken schließt! Setze dazu folgende Wörter ein:

Lichtstrahlen - Leuchttürme - früher - weit - höher - geradlinig

_____ werden besonders hoch gebaut, damit ihr Licht

möglichst _____ zu sehen ist. Die _____ breiten sich

nämlich _____ aus und können deshalb nicht der Erdkrümmung

folgen. Je _____ der Turm ist, desto _____ ist sein Licht

von einem herannahenden Schiff aus zu sehen.

6. Ein Erwachsener, der am Strand steht, kann bei klarer Sicht etwa 4 1/2 km weit aufs Meer hinaussehen.

Vergleiche die folgenden Zahlen mit den Höhenangaben in der nebenstehenden Tabelle! Überlege und setze diese Zahlen in die Tabelle ein:
120 km, 27 km, 210 km, 38 km

Die Sichtweite beträgt	
aus 50 m Höhe: ____ km	
aus 100 m Höhe: ____ km	
aus 1000 m Höhe: ____ km	
aus 3000 m Höhe: ____ km	

7. Die Abbildung auf Seite 5 zeigt dir das Blickfeld eines Astronauten, der von seinem Raumfahrzeug aus 500 km Höhe die Erde beobachtet. Du siehst in größerem Abstand neben der Erde einen weiteren Punkt. Nimm an, auch hier befände sich ein Astronaut! Um festzustellen, welchen Teil der Erdoberfläche er überschauen kann, ziehe von diesem Punkt wie in dem eingezeichneten Beispiel nach beiden Seiten eine gerade Linie, die an der Erde vorbeistreicht und sie soeben berührt! Dann rücke den Beobachtungspunkt näher an die Erde heran, indem du jeweils einen Punkt im Abstand von 2 cm und 1 mm neben die Erde zeichnest! Laß auch von diesen Punkten aus gerade Linien die Erde streifen!

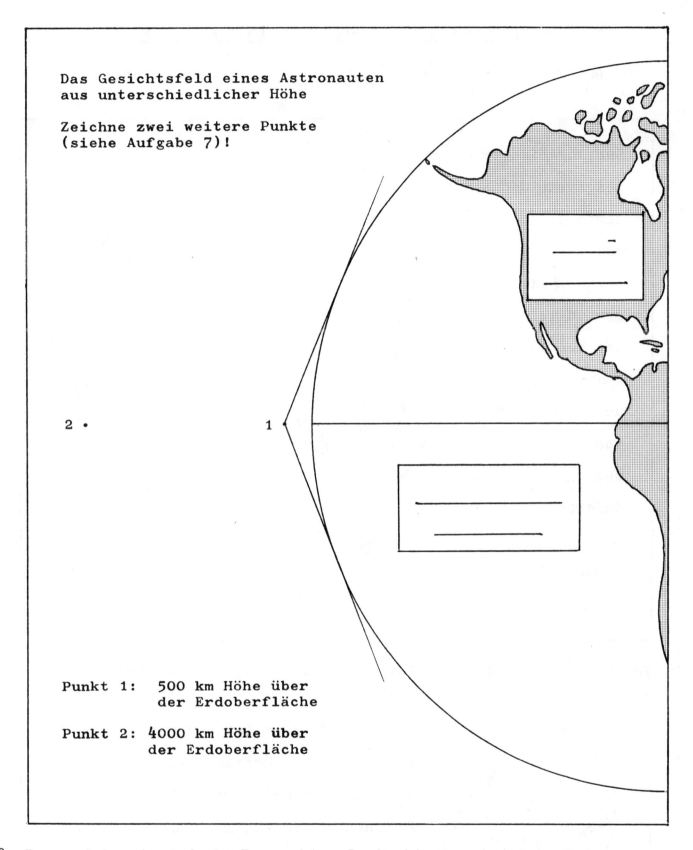

Das Gesichtsfeld eines Astronauten
aus unterschiedlicher Höhe

Zeichne zwei weitere Punkte
(siehe Aufgabe 7)!

2 ·

1

Punkt 1: 500 km Höhe über
             der Erdoberfläche

Punkt 2: 4000 km Höhe über
             der Erdoberfläche

8. Fasse deine in Aufgabe 7 gemachten Beobachtungen in einem Satz zusammen! Gebrauche darin den Begriff „Gesichtsfeld"!

_____

_____

9. Trage in die Schriftfelder der obenstehenden Abbildung den Namen des Kontinents und des Ozeans ein!

2. Globus und Weltkarte sind Abbilder der Erde

1. Lege den abgebildeten Globus farbig an! Nimm für die Kontinente ein helles Braun und für die Meere ein helles Blau!

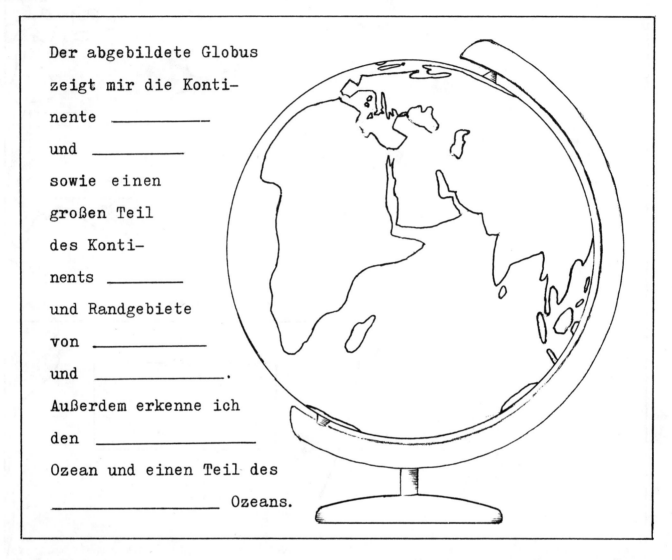

Der abgebildete Globus zeigt mir die Kontinente _____ und _____ sowie einen großen Teil des Kontinents _____ und Randgebiete von _____ und _____ . Außerdem erkenne ich den _____ Ozean und einen Teil des _____ Ozeans.

2. Vergleiche die Zahlen in folgender Abbildung! Rechne und notiere!

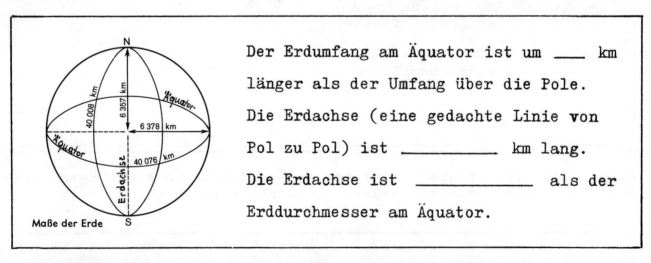

Maße der Erde

Der Erdumfang am Äquator ist um ___ km länger als der Umfang über die Pole. Die Erdachse (eine gedachte Linie von Pol zu Pol) ist _____ km lang. Die Erdachse ist _____ als der Erddurchmesser am Äquator.

3. Trage in die Karten auf Seite 7 die Namen der Kontinente ein! Präge dir die Umrisse ein! Numeriere die Kontinente nach ihrer Größe, indem du in die Kreise die Ziffern von 1 bis 7 schreibst!

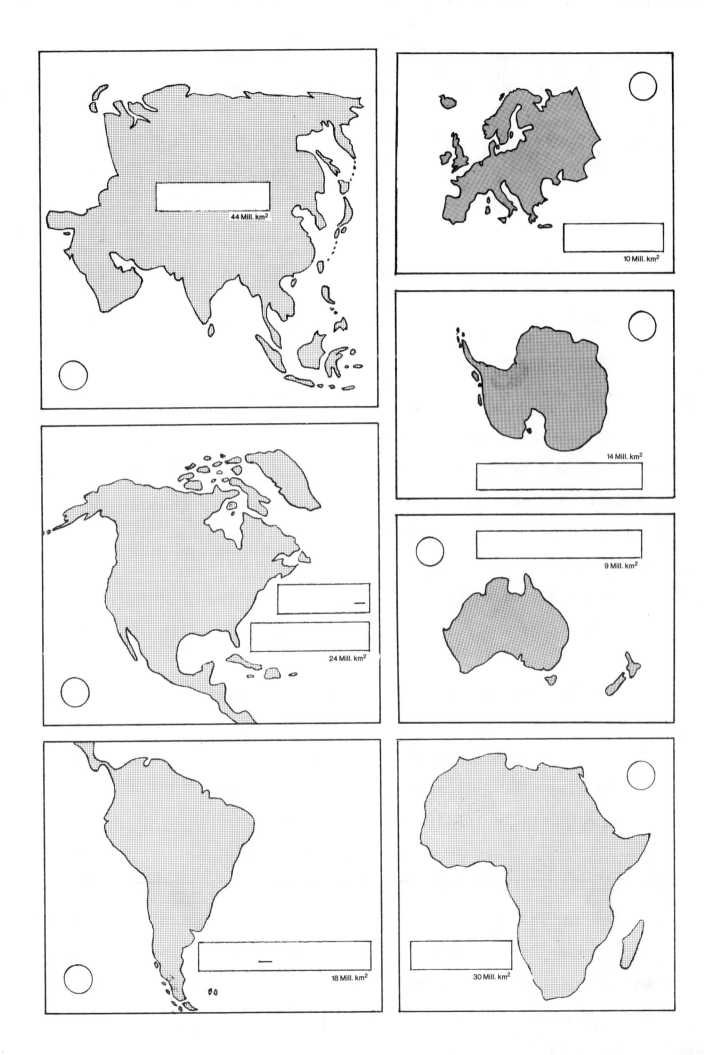

44 Mill. km²

10 Mill. km²

14 Mill. km²

9 Mill. km²

24 Mill. km²

18 Mill. km²

30 Mill. km²

7

4. Betrachte an einem Globus das Gradnetz der Erde! Unterscheide Breitenkreise und Längenkreise! Vervollständige vorsichtig die in den Zeichnungen angedeuteten Kreise und ergänze die Wörter!

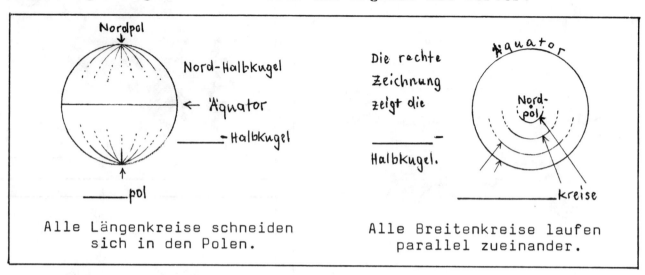

Alle Längenkreise schneiden sich in den Polen.

Alle Breitenkreise laufen parallel zueinander.

5. Ergänze mit Hilfe des Globus und der Aufgabe 4 den folgenden Text:

Breiten- und Längenkreise bilden das Gradnetz der Erde. Genau um

die Mitte der Erde führt der _____ (lat.: Gleicher). Er teilt

die Erde in eine _____- und eine _____-Halbkugel.

Alle _____ laufen parallel zum Äquator um die Erde.

Vom _____ nach den Polen hin werden sie immer _____.

Die Pole sind nur noch _____.

Ich zähle insgesamt _____ Breitenkreise. Alle haben den gleichen

Abstand voneinander. Er beträgt 111 km.

Die Abstände zwischen den Breitenkreisen sind die Breitengrade.

    Vom Äquator bis zum Nordpol zähle ich _____ Breitengrade.

    Vom Äquator bis zum Südpol zähle ich _____ Breitengrade.

    Es gibt also insgesamt _____ Breitengrade.

Die Längenkreise schneiden sich in den beiden _____. Sie sind

alle _____ lang. Jeder Längenkreis besteht aus zwei Meridianen

(Längen-Halbkreise). Jeder Meridian läuft von _____ zu _____.

Die Abstände zwischen den Längenkreisen oder den Meridianen sind die

Längengrade. Der Null-Meridian führt durch London. Von ihm zählt

man _____ Längengrade nach Osten und nach Westen. Es gibt demnach

insgesamt _____ Längengrade.

6. Ergänze die Angaben in der rechts dargestellten Erdkugel! Sie zeigt die „Rückseite" der linken Erdkugel.

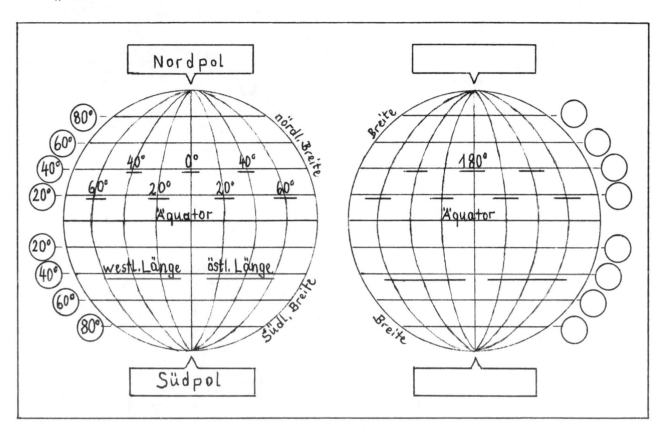

7. Stelle im Atlas fest, welche Städte folgende Lage im Gradnetz haben:

Auf 51° nördl. Breite und 7° östl. Länge liegt _____ .

Auf 60° nördl. Breite und 25° östl. Länge liegt _____ .

Auf 36° nördl. Breite und 140° östl. Länge liegt _____ .

Auf 23° südl. Breite und 43° westl. Länge liegt _____ .

8. Verfolge auf einer Mitteleuropakarte den 10. Längenkreis und nenne deutsche Städte, die auf diesem Längenkreis liegen!

Auf dem 10. Längenkreis östlicher Länge (ö. L.) liegen _____

_____

9. Auf welchem Breitengrad liegt dein Heimatort?

_____ liegt auf dem ____. Breitengrad und ist

demnach _____ km vom Äquator und _____ km vom Nordpol entfernt.

10. Diese Doppelseite zeigt dir eine Weltkarte. Nenne zunächst die drei Ozeane (A,B,C)! Dein Atlas hilft dir.

A _____

_____

B _____

_____

C _____

_____

Maßstab der
Weltkarte
1 : 110 000 000

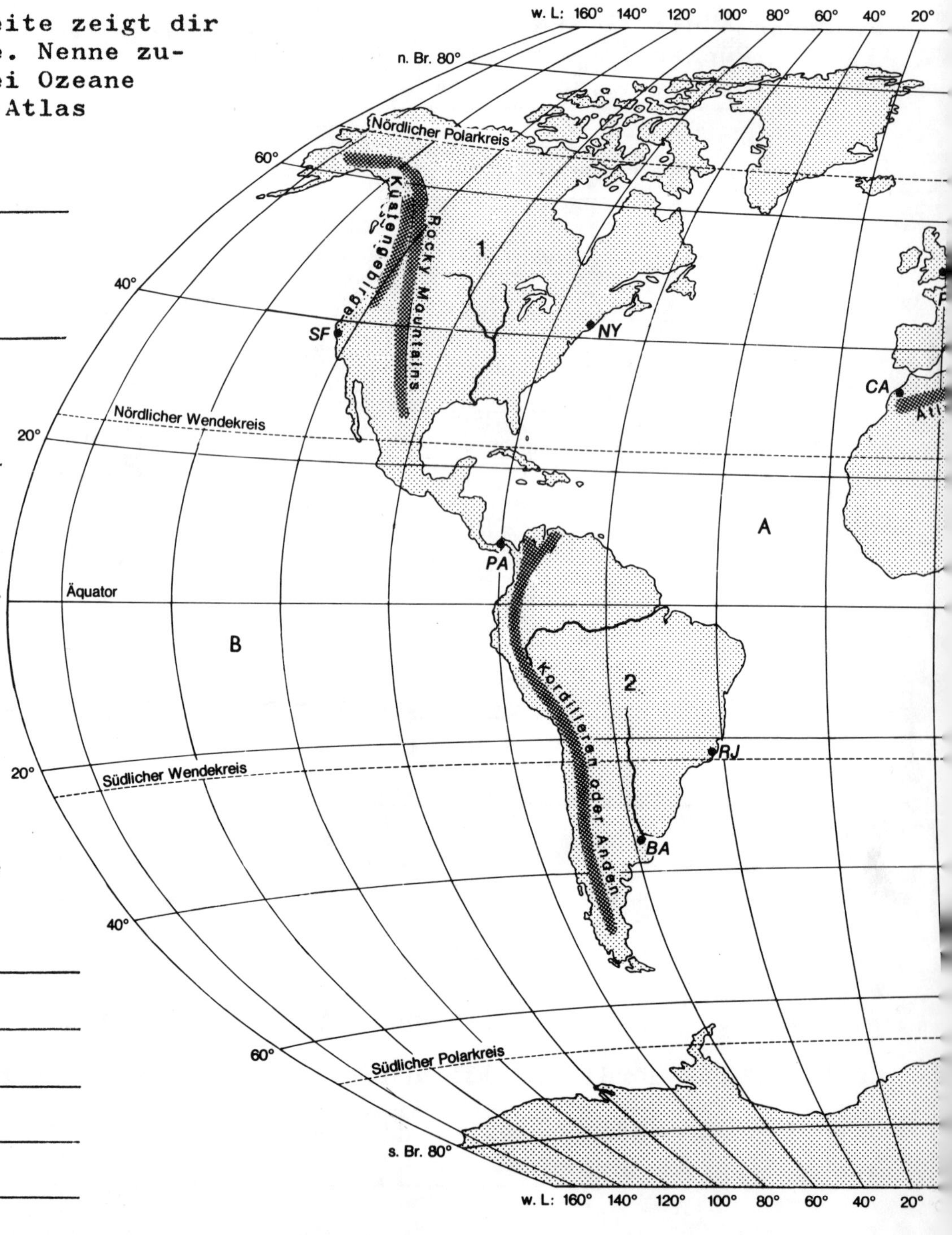

11. Die Kontinente heißen:

1 _____

2 _____

3 _____

4 _____

5 _____

6 _____

7 _____

12. Folgende Weltstädte liegen ungefähr auf 40° n. Br.:

_____

_____

_____

_____

w. L: 160° 140° 120° 100° 80° 60° 40° 20°

n. Br. 80°

Nördlicher Polarkreis

60°

Küstengebirge

Rocky Mountains

1

40°

SF

NY

CA

Atl

20°

Nördlicher Wendekreis

A

0° Äquator

PA

B

Kordilleren oder Anden

2

BJ

20° Südlicher Wendekreis

BA

40°

60°

Südlicher Polarkreis

s. Br. 80°

w. L: 160° 140° 120° 100° 80° 60° 40° 20°

▬▬▬▬	Gebirge
〰〰	Große Ströme
•	Wichtige Weltstädte

13. Trage die Längengrade ein:

PANAMA   liegt auf _____° w. L.

LONDON   liegt auf _____° _____

KAPSTADT liegt auf _____° _____

TOKYO   liegt auf _____° _____

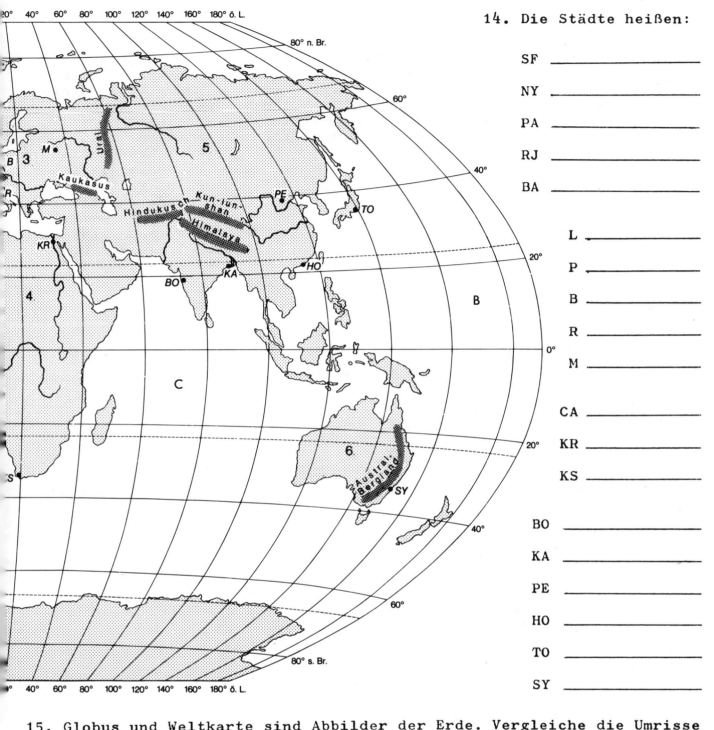

14. Die Städte heißen:

SF _____

NY _____

PA _____

RJ _____

BA _____

L _____

P _____

B _____

R _____

M _____

CA _____

KR _____

KS _____

BO _____

KA _____

PE _____

HO _____

TO _____

SY _____

15. Globus und Weltkarte sind Abbilder der Erde. Vergleiche die Umrisse und die Größenverhältnisse von Afrika, Grönland und der Antarktis jeweils auf der Weltkarte und auf einem Globus! Ergänze dann folgenden Text:

Auf der Weltkarte sind die Gebiete in der Nähe des _____ am wenigsten verzerrt. Nach _____ und _____ hin nimmt die Verzerrung immer mehr zu. Das ist auf dem _____ nicht der Fall. Weil er wie die Erde eine _____ ist, sind auf ihm die Kontinente nicht wie auf der _____ _____. Die bestmögliche Darstellungsform der Erdoberfläche ist also der _____.

3. Die Himmelsrichtungen erleichtern die Orientierung

1. So, wie wir uns auf dem Globus oder der Weltkarte orientieren, müssen wir uns auch in der Natur, bei einer Wanderung im Gelände, wenn Wegweiser fehlen, zurechtfinden können. Dabei hilft uns die Kenntnis der Himmelsrichtungen. Die Abbildung zeigt dir eine Windrose, so nennt man die Darstellung der Himmelsrichtungen auf einer runden Scheibe. Wir unterscheiden 4 Haupthimmelsrichtungen (N, S, W, O), 4 Zwischen- und 8 Nebenhimmelsrichtungen. Ergänze die folgende Tabelle zu 8 verschiedenen Paaren einander gegenüberliegender Himmelsrichtungen:

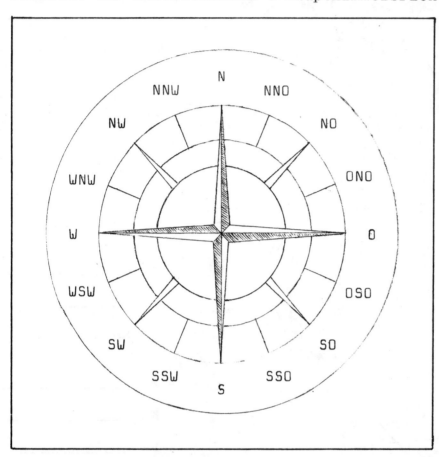

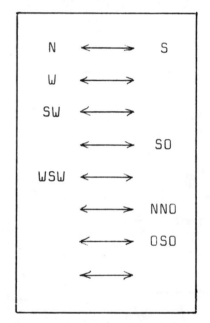

N	⟷	S
W	⟷	
SW	⟷	
	⟷	SO
WSW	⟷	
	⟷	NNO
	⟷	OSO
	⟷	

2. Decke die Windrose ab und trage in jeden Kreis die Himmelsrichtung ein, in die der dazugehörende Pfeil zeigt:

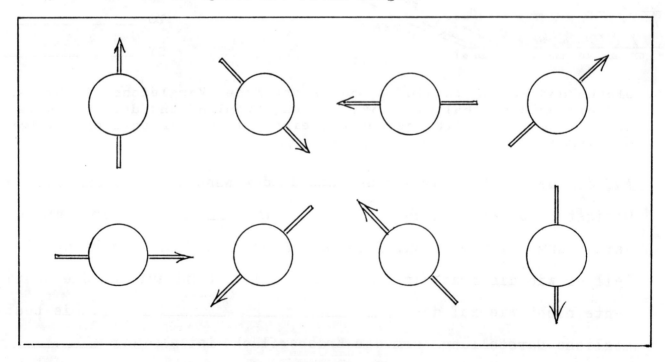

3. Zur Bestimmung der Himmelsrichtungen im Freien dient ein Kompaß. Er besteht aus einem Gehäuse mit einer Windrose (Abbildung A). In der Mitte der Windrose liegt eine drehbare Nadel auf einem Stift. Die Nadel ist magnetisch und pendelt sich immer wieder von selbst in Nord-Süd-Richtung ein. Allerdings zeigt sie dann nicht genau nach Norden, sondern zum magnetischen Nordpol der Erde. Dieser liegt in der nordamerikanischen Inselwelt am Rande des Nordpolarmeeres. Die Abweichung der Nadel von der genauen Nordrichtung nennt man Mißweisung. Sie ist auf der Windrose durch einen Punkt markiert. Dreht man den Kompaß, bis die Nadelspitze über dem Punkt der Mißweisung liegt, dann weist das N der Windrose genau nach Norden, also zum geographischen Nordpol. So nennt man den nördlichen Endpunkt der Erdachse, wenn man ihn **vom** magnetischen Nordpol unterscheiden will. - Übertrage die Ziffern aus den Abbildungen in die Erläuterungen!

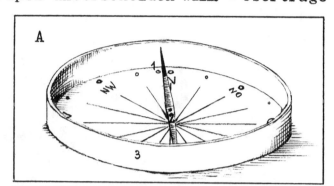

Erläuterungen zu Abbildung A:

    = Kompaßgehäuse

    = Kompaßnadel

    = Punkt der Mißweisung

Erläuterungen zu Abbildung B:

    = Kompaß mit richtig ein-
      genordeter Windrose

    = Genaue Nordrichtung (zum
      geographischen Nordpol)

    = Magnetische Nordrichtung
      der Kompaßnadel

    = Geographischer Nordpol

    = Magnetischer Nordpol

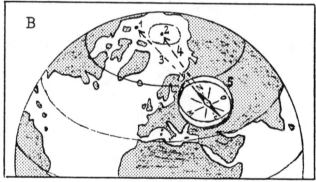

4. Die Bestimmung der Himmelsrichtungen ist auch ohne Kompaß möglich. Am Tage hilft uns dabei die Sonne. Du weißt aus Erfahrung, daß sie jeden Tag einen Bogen am Himmel beschreibt und sich vom Morgen bis zum Abend stets in der gleichen Richtung bewegt. Trage in der folgenden Zeichnung in die Felder bei den Sonnenständen die Abkürzungen der Himmelsrichtungen ein! Ergänze die fehlenden Zeitangaben!

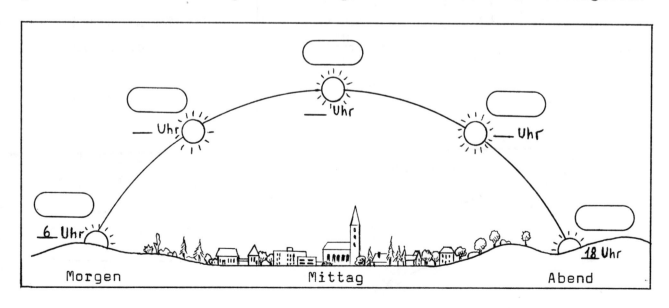

5. In der Zeichnung zu Aufgabe 4 geht die Sonne um 6 Uhr auf und genau 12 Stunden später unter. Wie du aber weißt, geht sie im Sommer früher auf und später unter; im Winter ist es umgekehrt. Deshalb kann man die Himmelsrichtungen, wenn es nicht gerade 12 Uhr ist, nur ungefähr schätzen. Mit Hilfe einer Uhr kannst du jedoch zwischen Sonnenaufgang und -untergang die Südrichtung ziemlich genau bestimmen. Dazu mußt du die Uhr so halten, daß der kleine Zeiger zur Sonne zeigt. Wenn du dann flach über die Uhr hinwegschaust, liegt Süden in der Mitte zwischen dem kleinen Zeiger und der Zahl 12. - Betrachte die beiden Zeichnungen und setze im Kasten die fehlenden Himmelsrichtungen ein!

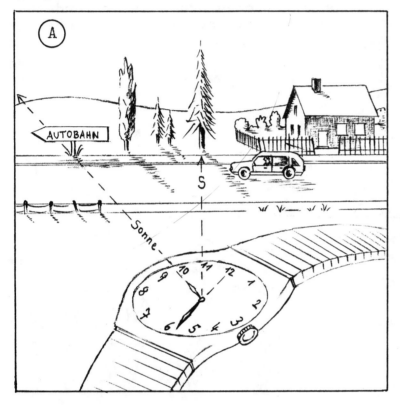

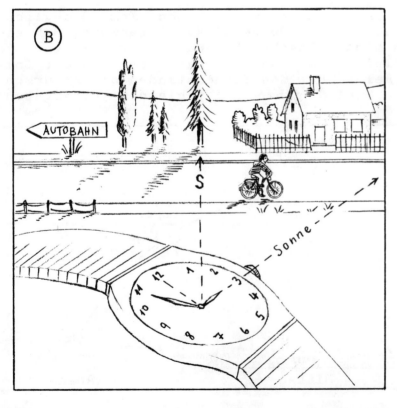

In beiden Abbildungen zeigt der kleine Zeiger der Uhr zur Sonne. Die Mittellinie zwischen ihm und der 12 weist nach _____.

Die höchste Tanne steht für den Betrachter genau im _____.

Hinter dem Rücken des Betrachters muß also _____ sein.

Der Wegweiser zeigt nach _____.

Der Radfahrer fährt nach _____, das Auto dagegen nach _____.

Die Sonne steht in Abb. A ungefähr im _____ und in Abb. B ungefähr im _____.

Der Schatten der Bäume fällt in Abb. A nach _____ und in Abb. B nach _____.

6. Auch in der Nacht können wir uns zurechtfinden, wenn die Sterne leuchten. Benachbarte Sterne hat man zu Sternbildern zusammengefaßt. Ein solches Sternbild ist der „Kleine Wagen". Sein letzter „Deichselstern" ist der Polarstern. Er steht genau im Norden. Wenn du ihn nicht sofort findest, brauchst du nur die hintere „Wagenkante" des auffälligeren „Großen Wagens" fünfmal zu verlängern, wie es die Abbildung zeigt. - Zeichne vom Polarstern zum Horizont eine gestrichelte senkrechte Linie und trage in die dafür vorgesehenen Kästchen mit Druckbuchstaben die folgenden gesuchten Begriffe ein:

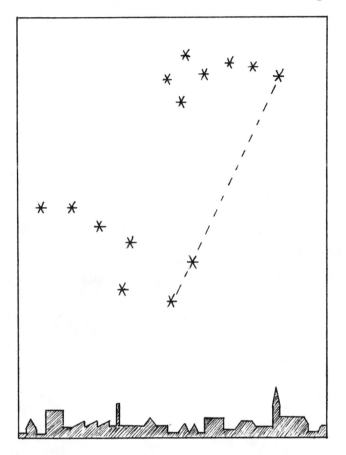

1. Gebäude, das in der nebenstehenden Abbildung für den Betrachter genau im Norden liegt. - 2. Himmelsrichtung des Sonnenaufgangs. - 3. Tageszeit, zu der die Sonne im Süden steht. - 4. Gestirn, mit dessen Hilfe wir nachts die Himmelsrichtungen bestimmen können. - 5. Tageszeit, zu der die Sonne untergeht. - 6. Gestirn, mit dessen Hilfe wir am Tage die Himmelsrichtungen bestimmen können. - 7. Was immer in die der Sonne genau gegenüberliegende Richtung weist.

1.
2.
3.
4.
5.
6.
7.

Die Anfangsbuchstaben der Wörter nennen das Gerät, mit dem die Himmelsrichtungen jederzeit genau zu bestimmen sind: _____

7. Der Polarstern ist von der gesamten Nord-Halbkugel aus zu sehen. Man sieht ihn, wo man auch auf der Nord-Halbkugel sein mag, immer im Norden. Überlege nun und versuche, jede der beiden nachfolgenden Fragen mit einem Satz zu beantworten! Wenn du einen Globus besitzt, kannst du ihn vor dich auf den Tisch stellen und dabei überlegen, in welcher Richtung, vom Globus aus gesehen, der Polarstern steht.

Frage 1: Über welchem Punkt im Gradnetz der Erde muß der Polarstern stehen?

Antwort: _____

Frage 2: Der Polarstern steht in der Verlängerung einer bestimmten Linie; welche ist es?

Antwort: _____

4. Die Bewegungen der Erde bestimmen die Zeiteinteilung

1. Das untenstehende Foto zeigt uns den nächtlichen Himmel. Für diese Aufnahme hat der Fotograf den Verschluß seiner Kamera 2 1/2 Stunden lang geöffnet. Die Striche am Himmel sind durch die Drehung der Erde um ihre Achse entstanden. Du kannst diese Bewegung der Erde selbst beweisen, indem du einen Fotoapparat auf ein Stativ setzt, ihn auf den Polarstern richtest und den Film mindestens eine halbe Stunde lang belichtest. Überlege, wovon die Länge der Striche auf deinem Foto abhängen wird und ergänze mit Hilfe der Aufgabe 7 auf Seite 15 folgende Sätze:

Weil die Erde sich um ihre _____ dreht, zeichnen die am nächt-

lichen _____ stehenden _____ kreisbogenförmige _____

auf das Foto. Alle _____ scheinen um den _____ zu krei-

sen. Je _____ man die Aufnahme belichtet, desto _____ werden

die Striche. Die hellsten _____ zeichnen die _____ Sterne.

16

2. Die Erdrotation, das ist die Drehung der Erde um ihre Achse, kannst du auch an der Sonne erkennen. Der scheinbare Lauf der Sonne am Himmel, ihr Auf- und Untergang, sind die Folge der Erdrotation. Du kannst aus der scheinbaren Sonnenbahn auf die Drehrichtung der Erde schließen. Denke dabei an ein Karussell! Du wirst dich erinnern, wie sich bei einer Fahrt scheinbar die Umgebung dreht. Du weißt auch, von wo nach wo (Himmelsrichtungen) sich scheinbar die Sonne bewegt. Setze nun im folgenden Kasten in den Sätzen 1 und 2 die Himmelsrichtungen ein! Überlege dann und formuliere selbst einen dritten Satz, in dem du sagst, wie sich demnach die Erde um ihre Achse drehen muß!

Satz 1: Die Sonne geht jeden Tag im _____ auf und im

_____ unter.

Satz 2: Sie bewegt sich also scheinbar von _____ nach

_____ .

Satz 3: _____

_____

3. In gleicher Richtung, wie scheinbar die Sonne wandert, bewegt sich auch der Mond am Himmel. Mache dir das an der folgenden Zeichnung deutlich und trage in die Legende (Zeichenerklärung) die fehlenden Ziffern (1 bis 4) ein!

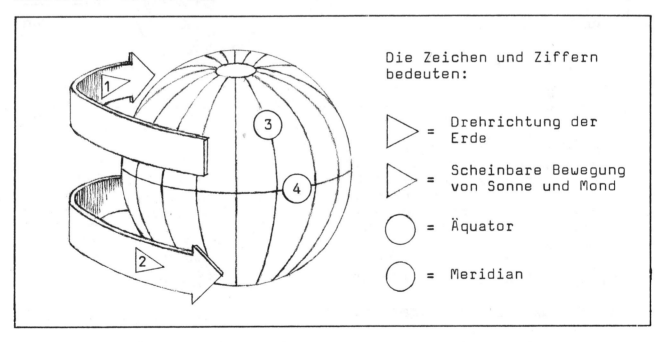

Die Zeichen und Ziffern bedeuten:

▷ = Drehrichtung der Erde

▷ = Scheinbare Bewegung von Sonne und Mond

◯ = Äquator

◯ = Meridian

4. Wenn du die Aufgaben 2 und 3 gelöst hast, wirst du schnell erkennen, ob die folgenden Feststellungen richtig oder falsch sind. Setze in das Kästchen vor jedem Satz ein Kreuz oder eine Null, je nachdem, ob die Aussage richtig (X) oder falsch (O) ist!

☐ Für einen Beobachter, der im Weltraum über dem Nordpol der Erde schwebt, dreht sich die Erde gegen den Uhrzeigersinn.

☐ Für einen Beobachter, der im Weltraum über dem Südpol der Erde schwebt, dreht sich die Erde im Uhrzeigersinne.

5. In einem Tag, also in 24 Stunden, dreht sich die Erde einmal um ihre Achse. Wir „fahren" also auf unserem „Karussell", der Erde, täglich einmal an der Sonne vorbei. Dann sehen wir die Sonne am Himmel, wenn sie nicht von Wolken verdeckt wird. Sie spendet uns ihr Licht, das auch durch die Wolken dringt; wir sind auf der Tagseite der Erde. Die der Sonne abgewandte Seite der Erde liegt im Dunkeln; dort ist Nacht. Färbe auf den beiden Zeichnungen der Erdkugel die Nachtseite mit einem Bleistift dunkel! Schreibe dann in die Schriftfelder die Begriffe „Tagseite" und „Nachtseite"! Nenne für jede dieser beiden Darstellungen zwei Kontinente, die ganz auf der Nachtseite liegen!

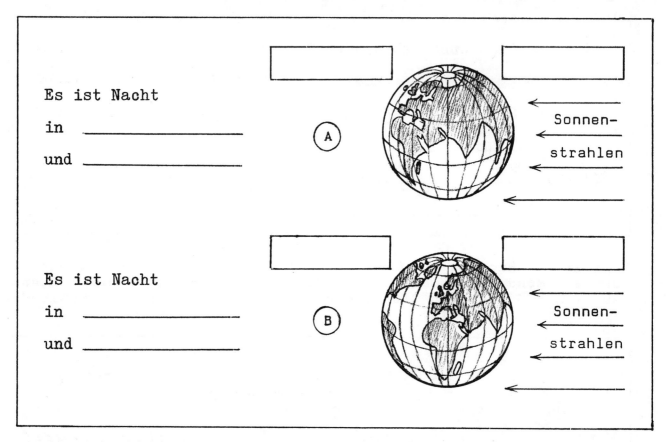

6. Die nebenstehende Abbildung zeigt die Erde in „Polsicht". Färbe auch hier die Nachtseite dunkler! Überlege, ob es sich um die „Polsicht" der Erdkugel A oder B in Aufgabe 5 handelt und trage den richtigen Buchstaben ein:

Wir haben hier die „Polsicht"

der Erdkugel __ in Aufgabe 5.

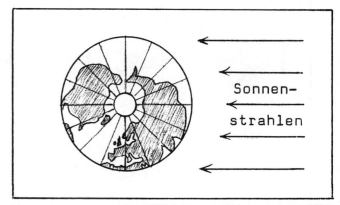

7. Die Sonne bestimmt unsere Zeiteinteilung. Wenn sie bei uns im Süden steht, haben wir Mittag; es ist 12 Uhr. Weil sich die Erde aber weiterdreht, bleibt die Sonne für uns am Nachmittag im Westen zurück (beachte Aufgabe 2 und 3). Dann haben andere Orte Mittag, weil die Sonne nun über ihnen am höchsten steht. Wieder andere Orte haben früher Mittag als wir. – Wenn du in dem Text auf der nächsten Seite alle Sätze nacheinander vervollständigst und dabei immer wieder gut überlegst, lernst du interessante Dinge. Suche die in dem Text genannten Städte zunächst auf der Weltkarte (Seite 10/11) und denke bei allen Aussagen an die Drehrichtung der Erde!

Weil sich die Erde von _____ nach _____ dreht, haben
alle Orte, die östlich von uns liegen, _____ Mittag als
wir. Auch die anderen Tageszeiten erleben die Menschen dort
_____ als wir.

In Moskau gehen die Uhren zum Beispiel gegenüber unserer Zeit
2 Stunden _____. Wenn ein Flugzeug in Berlin um 12 Uhr nach
Moskau startet, zeigen die Uhren dort im gleichen Augenblick
____ Uhr. Wenn die Maschine für diesen Flug 3 Stunden braucht,
müßte es bei der Landung eigentlich _____ Uhr sein. In Wirklichkeit ist es in Moskau aber ____ Uhr. Das Flugzeug hat also
scheinbar ____ Stunden gebraucht.

Anders ist es bei einem Flug nach Westen. Wenn zum Beispiel
ein Flugzeug um 10 Uhr von Rom nach New York startet, zeigen
die Uhren drüben 6 Stunden _____ als in Rom an. Wenn
die Maschine nach 7 Stunden in New York landet, ist es dort
____ Uhr. Der Flug hat scheinbar ____ _____ gedauert.
Die Fluggäste müssen ihre Uhren bei der Ankunft in New York
____ Stunden _____stellen, damit diese dort richtig gehen.
Bei einem Flug nach Westen scheint ein Flugzeug _____
Zeit zu benötigen, als die tatsächliche Flugzeit beträgt.

Noch überraschender ist folgendes Beispiel: Nimm einmal an,
ein Flugzeug sei um 15 Uhr gestartet und flöge in westliche
Richtung nach einer Stadt, in der die Uhren gegenüber dem
Startort 3 Stunden _____gehen. Die Flugzeit beträgt 2 Stun-
den. Wenn die Maschine landet, zeigen die Uhren am Startort
____ Uhr und am Landeort ____ Uhr. Wenn die Fluggäste ihre
Uhren noch nicht umgestellt haben, ist das Flugzeug scheinbar
____ _____ _____ gelandet, als es gestartet ist!

8. Nenne nach der Weltkarte (Seite 10/11) fünf Städte, die früher, und fünf Städte, die später Mittag haben als wir! Ordne sie in der Reihenfolge, in der es bei ihnen 12 Uhr sein muß!

Früher als bei uns ist es 12 Uhr in:

_____

Später als bei uns ist es 12 Uhr in:

_____

9. An allen Orten, die auf einem Längenhalbkreis liegen, sehen die Bewohner die Sonne zur gleichen Zeit an ihrem höchsten Punkt. Sie haben zur gleichen Zeit Mittag. Darum nennt man die Längenhalbkreise auch Meridiane, d.h. Mittagslinien. Wie du schon weißt, gibt es 360 Meridiane. Wenn sich alle einmal an der Sonne vorbeibewegt haben, sind 24 Stunden vergangen. Rechne nun und setze die Zahlen ein:

In 1 Stunde dreht sich die Erde demnach um ____ Meridiane weiter.

Der Zeitunterschied zwischen ____ Meridianen beträgt also 1 Stunde.

10. Weil nicht jeder Ort seine Uhren nach der Ortszeit, d.h. nach dem genauen Sonnenstand, einstellen kann, faßt man größere Gebiete zu Zeitzonen zusammen. So gilt bei uns wie in vielen europäischen Staaten die einheitliche Mitteleuropäische Zeit. Großflächige Staaten können sich aber über mehrere Zeitzonen erstrecken. Die folgende Karte zeigt z.B. die Zeitzonen der Sowjetunion. Zwischen ihnen liegt jeweils 1 Stunde Zeitdifferenz. Zeichne die in einigen Uhren fehlenden Zeiger ein und vervollständige folgende Sätze:

Die Sowjetunion umfaßt ____ Zeitzonen. Wenn es in Moskau 10 Uhr ist, dann ist es am Kap Deshnew schon ____ Uhr. Ist es in Irkutsk 22 Uhr, dann ist es in Gorki ____ Uhr. Wer mit der Eisenbahn von Leningrad nach Wladiwostok reist, muß ____mal seine Uhr um 1 Stunde vorstellen. Die Reise führt über ____ Meridiane von _____ nach _____ .

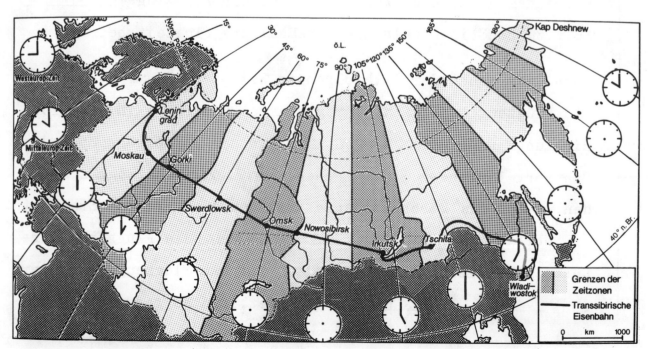

11. Die Erde dreht sich nicht nur um die eigene Achse, sondern kreist zugleich um die Sonne. Sie braucht für diesen Umlauf 365 Tage und 6 Stunden. Erdrevolution nennt man diese Bewegung der Erde um die Sonne. - Betrachte die folgende Abbildung genau und vervollständige die dazugehörenden Erläuterungen!

Jahresbahn um die Sonne: 940 Mill. km
149 Mill. km
152 Mill. km   S   147 Mill. km
149 Mill. km
21.Juni   A   B   21.Dez.

Diese Abbildung zeigt die beiden *B* _____ der _____.

Die Ziffern in der Abbildung bedeuten:	Zwischen den Stellungen A und B der Erde beträgt der zeitliche Abstand
____ = _____	
____ = _____	ein _____ _____.

Die Umlaufbahn der _____ um die _____ ist _____ genauer Kreis.

12. In einer Unterrichtsstunde fiel das Wort „Schaltjahr". Sofort fragten zwei Schüler: „Was ist eigentlich ein Schaltjahr?" und „Warum gibt es das überhaupt?" Der Lehrer bat alle Schüler, eine Antwort zu formulieren und aufzuschreiben. Dann ließ er einige Antworten vorlesen. Du findest sie nachstehend. Schreibe in die Kästchen hinter jeder Antwort „richtig" oder „falsch"!

Die Kalender-Hersteller wollen mit den Schaltjahren mehr Abwechslung in die Kalender bringen. ☐

Ein Schaltjahr hat 366 Tage, die „normalen" Jahre aber haben nur 365 Tage. ☐

Ein Schaltjahr ist einen Tag kürzer als die anderen Jahre; ihm fehlt der 31. Dezember. ☐

In jedem 5. Jahr gibt es den 29. Februar; ein solches Jahr nennt man Schaltjahr. ☐

Ein Erdumlauf um die Sonne dauert 1/4 Tag länger als ein „normales" Jahr; das gleichen die Schaltjahre aus. ☐

Die Erde braucht für 4 Umläufe um die Sonne einen zusätzlichen Tag; darum erhält jedes 4. Jahr 1 Tag mehr. ☐

Als zusätzlicher Tag wird der 29. Februar in den Kalender „geschaltet"; darum spricht man vom Schaltjahr. ☐

5. Unterschiedliche Sonneneinstrahlung verursacht die Jahreszeiten

1.

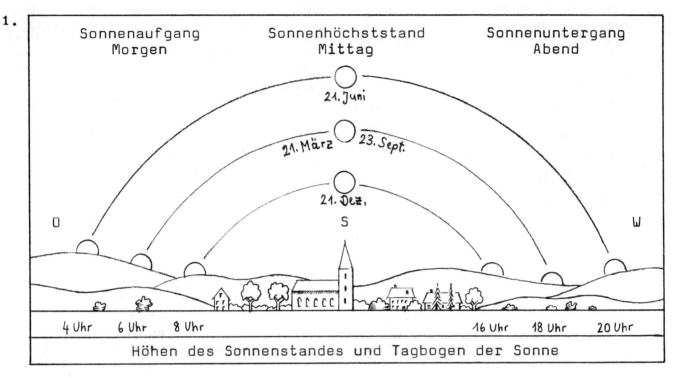

| Sonnenaufgang | Sonnenhöchststand | Sonnenuntergang |
| Morgen | Mittag | Abend |

21. Juni

21. März 23. Sept.

21. Dez.

O   S   W

4 Uhr   6 Uhr   8 Uhr   16 Uhr   18 Uhr   20 Uhr

Höhen des Sonnenstandes und Tagbogen der Sonne

Die Jahreszeiten sind dir vertraut. Welche Bedeutung haben die **vier** in der Zeichnung genannten Daten im Hinblick auf die Jahreszeiten? (In den meisten Kalendern findest du entsprechende Eintragungen.) **Ergänze:**

Am _21._ _____ beginnt bei uns _der_ _____ .

Am ___ _____ beginnt bei uns ___ _____ .

Am ___ _____ beginnt bei uns ___ _____ .

Am ___ _____ beginnt bei uns ___ _____ .

2. **Fülle mit Hilfe der Abbildung zu Aufgabe 1 die Lücken aus:**

Die Tagbogen der Sonne sind im Laufe eines _____ unterschiedlich lang.

Ihren kürzesten Tagbogen beschreibt die Sonne in jedem Jahr am

___ _____ .

Am ___ _____ und am ___ _____ sind die Tagbogen der Sonne gleich lang.

Am ___ _____ erreicht die Sonne mittags den _____ Stand des Jahres.

3. Die Uhrzeiten in der Abbildung zu Aufgabe 1 nennen zur Vereinfachung nur volle Stunden. Die genauen täglichen Sonnenaufgangs- und Sonnenuntergangszeiten findet man in manchen Kalendern. Vielleicht besitzt ihr zu Hause einen solchen Kalender. Sonst wirst du dir sicherlich einen leihen können. Wähle für jeden Monat einen Tag um die Monatsmitte aus und setze nach den Angaben im Kalender die Aufgangs- und Untergangszeiten der Sonne in die Tabelle ein! Wenn du gerne rechnest, kannst du auch die genauen „Tageslängen" eintragen.

Datum	Sonnen-aufgang	Sonnen-untergang	Tageslänge
── ────────	──.── Uhr	──.── Uhr	── Stdn. ── Min.
── ────────	──.── Uhr	──.── Uhr	── Stdn. ── Min.
── ────────	──.── Uhr	──.── Uhr	── Stdn. ── Min.
── ────────	──.── Uhr	──.── Uhr	── Stdn. ── Min.
── ────────	──.── Uhr	──.── Uhr	── Stdn. ── Min.
── ────────	──.── Uhr	──.── Uhr	── Stdn. ── Min.
── ────────	──.── Uhr	──.── Uhr	── Stdn. ── Min.
── ────────	──.── Uhr	──.── Uhr	── Stdn. ── Min.
── ────────	──.── Uhr	──.── Uhr	── Stdn. ── Min.
── ────────	──.── Uhr	──.── Uhr	── Stdn. ── Min.
── ────────	──.── Uhr	──.── Uhr	── Stdn. ── Min.
── ────────	──.── Uhr	──.── Uhr	── Stdn. ── Min.

4. Wenn die Tabelle zu Aufgabe 3 ausgefüllt ist, besitzt du genaue Angaben zu verschiedenen „Tageslängen". Trage nun folgende Wörter so in die Lücken des nachfolgenden Textes ein, daß richtige Aussagen entstehen:

Januar – Juni – Juli – Dezember – Sonne – Tagbogen – Licht – Wärme – Sommer – Winter – wenig – wenig

Im _____ und im _____ scheint die _____ tagsüber am längsten. Dann erhalten wir von ihr das meiste _____ und die meiste _____ . Wir haben dann _____ .

Im _____ und im _____ sind die _____ der Sonne am kürzesten. Dann kann uns die Sonne nur _____ Licht und _____ Wärme spenden. Es ist dann _____ .

5. Im Text der Aufgaben 3 und 4 ist der Begriff „Tageslängen" in Anführungszeichen gesetzt. Das soll dich darauf aufmerksam machen, daß der Begriff „Tag" hier in einem anderen Sinne gebraucht wird als beim Kalendertag. Die folgenden Merksätze nennen die beiden Bedeutungen des Begriffes „Tag". Du mußt allerdings zuvor folgende Wörter in die Lücken einfügen (Aufgabe 5 auf Seite 18 hilft dir):

Sonnenaufgang – Sonnenuntergang – Jahreszeit – Länge – immer – Zeit – Erdrotation – Erdrotation

---

Der Begriff „Tag" hat zwei Bedeutungen:

    a)   Tag = Dauer einer _____ .

    b)   Tag = _____ zwischen _____

        und _____ .

Ein Kalendertag entspricht einer _____ . Er hat

_____ 24 Stunden. – Den Gegensatz zur Nacht nennen wir eben-

falls Tag. Seine _____ hängt von der _____ ab.

---

6. Die Ursache für die Entstehung der Jahreszeiten liegt in der Neigung der Erdachse. Du siehst die Schrägstellung an den Globen in der folgenden Abbildung, aber auch an jedem anderen Globus. Während des ein Jahr dauernden Umlaufs der Erde um die Sonne behält die Erdachse ihre Neigung und ihre Richtung unverändert bei. Das erkennst du auch in der Zeichnung auf Seite 21 (Aufgabe 11).

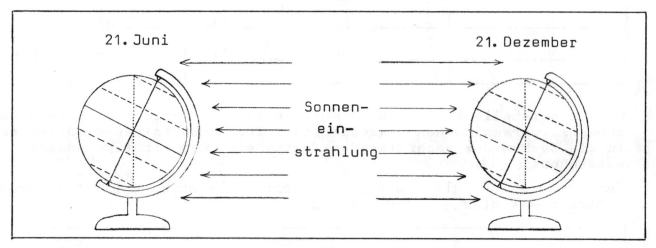

Färbe die vom Sonnenlicht beschienenen Globushälften in der Abbildung gelb und die Schattenseiten grau ein! Die punktierten Linien sollen dir helfen. Stelle fest, wann die Nord-Halbkugel und wann die Süd-Halbkugel mehr Sonneneinstrahlung erhält! Ergänze diese Sätze:

Am ____ _____ erhält die _____ mehr Licht

und Wärme von der Sonne. Dann ist bei uns _____ .

Am ____ _____ erhält die _____ mehr Licht

und Wärme. Dann ist dort _____ , bei uns jedoch _____ .

7.

Sonneneinstrahlung am 21. Juni

Du sollst nun noch eine andere interessante Folge der schiefen Stellung der Erdachse kennenlernen.

Färbe zunächst auch in der nebenstehenden Abbildung die Tagseite der Erde gelb und die Nachtseite grau ein!

Präge dir die Namen der beiden beschrifteten Breitenkreise ein!

Nun stell dir vor, du befändest dich an dem Punkt A der Abbildung! Beachte das Sonnenlicht, überlege gut und fülle dann die Lücken in folgenden Sätzen aus:

Während einer Erdrotation erhält der Punkt A am 21. Juni ____ Stunden lang Sonnenlicht. Von dem Punkt A ist also die Sonne während dieses Tages bei wolkenlosem Himmel _____ zu sehen.

Am 21. Juni wird während des ganzen Tages das gesamte Gebiet innerhalb des _____ _____ von der Sonne beschienen. Dann gibt es dort gar _____ Dunkelheit.

Diese Erscheinung heißt Polartag. Man spricht auch von der Mitternachtssonne, weil die _____ dann auch um _____ scheint.

8. Nun versetze dich an den Punkt B der obigen Abbildung! Fülle aus:

Am 21. Juni erhält der Punkt B während einer Erdrotation _____ Sonnenlicht. Innerhalb des _____ _____ ist die Sonne dann _____ zu sehen; es ist _____ dunkel.
Diese Erscheinung nennt man Polarnacht.

9. Die Gebiete innerhalb der beiden Polarkreise heißen Arktis (im Norden) und Antarktis (im Süden). Merke dir diese Begriffe und ergänze mit Hilfe der Abbildung zu Aufgabe 6 folgende Aussagen:

Am 21. Dezember ist in der _____ Polar_____ und in der _____ Polar_____ .

Dann scheint die Mitternachtssonne über der _____ .

10. Sieh dir noch einmal die Abbildungen auf den Seiten 21 und 24 an!
    Lies dann folgende Fragen und streiche die falschen Antworten durch:

FRAGE	ANTWORT	
Wann ist das Nord-Polargebiet der Sonne zugeneigt?	Im Juni	Im Dezember
Wann bekommt die Nord-Halbkugel mehr Sonnenlicht und -wärme als die Süd-Halbkugel?	Im Juni	Im Dezember
Welche Jahreszeit haben wir während der stärksten Sonneneinstrahlung auf der Nord-Halbkugel?	Winter	Sommer
Wann ist im Gebiet um den Nordpol Polarnacht?	Während unseres Sommers	Während unseres Winters
Wann ist im Gebiet um den Südpol Polartag?	Während unseres Sommers	Während unseres Winters

11. Die folgende Abbildung zeigt dir noch einmal die Sonnenbestrahlung
    der Erde am 21. Juni und am 21. Dezember. Du lernst wieder zwei be-
    sondere Breitenkreise kennen. Merke dir ihre Namen! Färbe wieder die
    Tagseite beider Erdkugeln gelb und die Nachtseite grau ein!

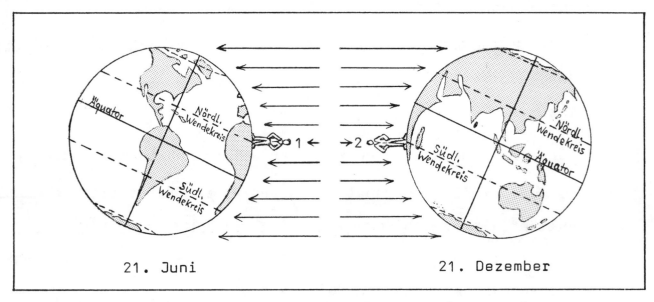

21. Juni   21. Dezember

Betrachte die beiden eingezeichneten Figuren (1 und 2) und ergänze
die Sätze a und b:

a) Figur 1 steht auf dem _____ _____.

b) Figur 2 steht auf dem _____ _____.

Nun drehe das Arbeitsheft zweimal so, daß erst die linke und dann
die rechte Figur senkrecht steht. Beobachte dabei die Figuren und
die Sonnenstrahlen! Füge dann die fehlenden Wörter in Satz c ein!

c) Die _____ scheint genau _____ auf beide Figuren.

26

12. Nun wird es dir nicht schwerfallen, folgende Sätze zu ergänzen:

Am 21. _____ sieht ein Beobachter auf dem nördlichen Wendekreis

und am 21. _____ ein Beobachter auf dem südlichen Wendekreis

die Sonne mittags senkrecht über sich. Die _____ steht demnach

am 21. Juni senkrecht über dem _____ _____ und

am 21. Dezember senkrecht über dem _____ _____ .

13. Wenn du die Aufgaben 6 bis 12 richtig gelöst und den folgenden Text
durchdacht hast, kannst du dir selbst drei Merksätze „bauen".
Stelle dazu die untenstehenden Wörter richtig zusammen! - Probiere
zunächst auf einem Zettel!

> Zwischen dem 21. Juni und dem 21. Dezember legt die Erde eine
> Hälfte ihres jährlichen Weges um die Sonne zurück. Von der Erde
> aus beobachtet, bewegt sich die Sonne während dieser Zeit schein-
> bar vom nördlichen zum südlichen Wendekreis. Im darauffolgenden
> Halbjahr kehrt sie scheinbar zum nördlichen Wendekreis zurück.
> In der Mitte dazwischen liegt in beiden Halbjahren ein Tag, an
> dem die Sonne senkrecht über dem Äquator steht. Dann bekommen die
> Nord- und die Süd-Halbkugel der Erde gleich viel Licht und Wärme,
> und bei uns beginnen die Zwischenjahreszeiten (Frühling, Herbst).

(1) Unterschiedlich - Jahreszeiten - werden - Umlauf - Erde - um -
der - der - die - die - den - Sonne - durch - durch - Erdachse
- warme - Stellung - schiefe - und - verursacht.

_____

_____

_____

(2) Ein - ein - der - die - die - halbes - halbes - Licht - mehr -
Nord-Halbkugel - Süd-Halbkugel - Jahr - Jahr - bekommt - von -
Wärme - und - und - Sonne.

_____

_____

_____

(3) Während - bewegt - scheinbar - eines - sich - Sonne - zwischen
- Jahres - den - die - Wendekreisen - beiden - einmal - und -
hin - zurück.

_____

_____

_____

II. WETTER UND KLIMA
1. Das Wetter wird beobachtet und gemessen

1. Wetter nennen wir den Zustand der uns draußen umgebenden Luft. Es entsteht durch das Zusammenwirken verschiedener Kräfte. Die spürbarsten sind Temperatur, Wind und Niederschlag. Diese drei lassen sich weiter unterteilen. Nenne Wettererscheinungen und ordne sie diesen Begriffen zu:

Temperatur: _____

Wind: _____

Niederschlag: _____

_____

Du kannst die Reihen ergänzen, wenn du beim Lösen der nächsten Aufgaben auf weitere Begriffe stößt.

2. Es ist nicht reine Neugier, wenn wir wissen möchten, wie in den nächsten Tagen das Wetter wird. Für manche Tätigkeit ist das Wetter von entscheidender Bedeutung. Nenne Wettererscheinungen, die den Menschen in folgenden Bereichen behindern:

Landwirtschaft: _____

Bauwirtschaft: _____

Straßenverkehr: _____

Wassersport: _____

3. BRUCH – EIS – GE – GLATT – KAN – KEN – OR – SCHNEE – STURM – TER – WIT – WOL

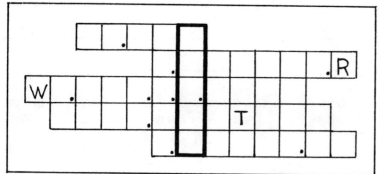

Aus den vorstehenden Silben lassen sich fünf Wörter bilden, die gefährliche Wettererscheinungen bezeichnen. Setze diese Wörter in die waagerechten Zeilen des nebenstehenden Kastens. Drei Buchstaben sind schon eingetragen. Bei richtiger Lösung nennt die stark umrandete senkrechte Spalte eine weitere Wettererscheinung, die dem Menschen gefährlich werden kann.
Die Buchstaben in den mit einem Punkt versehenen Feldern nennen, wenn du sie zuvor auf einem Zettel richtig ordnest, eine gelegentlich zu beobachtende, harmlose, aber interessante Wettererscheinung. Sie heißt: _____

4. Das Wetter wird in Wetterstationen ständig beobachtet. Dabei werden täglich Temperatur, Bewölkung, Niederschlag, Luftfeuchtigkeit, Luftdruck, Windstärke und Windrichtung gemessen. Den Messungen dienen folgende Geräte: Anemometer (Windmesser), Barometer (Luftdruckmesser), Hygrometer (Luftfeuchtigkeitsmesser), Niederschlagsmesser, Thermometer, Windfahne. – Wenn du die Erläuterungen zu den Abbildungen auf Seite 29 gelesen hast, wirst du die dort fehlenden Bezeichnungen der Geräte einsetzen können.

Das _____ zeigt die Temperatur in Celsius-Graden (°C) an. Es soll im Freien 2 m über dem Boden und im Schatten hängen. Um es vor Niederschlägen zu schützen, bringt man es in Wetterstationen in einer offenen Thermometerhütte an.

Der _____ besteht aus einem Meßglas mit einer mm-Skala. Ein Trichter verhindert das Verdunsten des eingefangenen Niederschlags. Schnee, Hagel und Reif werden vor dem Messen geschmolzen.

Das _____ wird auch einfach Windmesser genannt. Der Wind versetzt ein Schalenkreuz in Drehung. Über eine senkrechte Achse wird die Drehung auf einen Zeiger übertragen. Dieser zeigt auf einer Skala die Windgeschwindigkeit an.

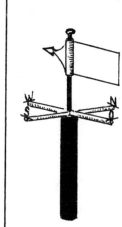

Die _____ wird vom Wind gedreht. Der Pfeil zeigt immer in die Himmelsrichtung, aus der der Wind kommt. In einigen Wetterstationen wird die Windrichtung vom Anemometer durch eine Zusatzeinrichtung mitgemessen.

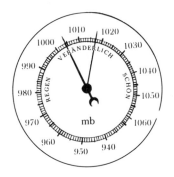

Das _____ mißt den Luftdruck. Dieser wird durch das Gewicht der Luft bewirkt. Der Luftdruck ist nicht nur abhängig von der Höhenlage eines Ortes, sondern schwankt auch mit dem Wettergeschehen. Gemessen wird der Luftdruck in Millibar (mb). Der mittlere Luftdruck in Meereshöhe beträgt 1013 mb.

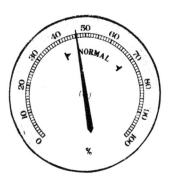

Das _____ dient zum Messen der Luftfeuchtigkeit. Das ist unsichtbarer Wasserdampf, der immer in der Luft enthalten ist. Das Gerät mißt die Luftfeuchtigkeit in Prozent (vom Hundert = %), d.h. es zeigt an, wieviel von 100 möglichen Wasserteilchen in der Luft jeweils enthalten sind.

5. Du weißt aus Erfahrung, daß Winde unterschiedlich stark wehen können. In der folgenden Tabelle werden die Windstärken nach der international gebräuchlichen Beaufortskala erläutert.

BEAUFORTSKALA (Skala der Windstärken – benannt nach dem englischen Admiral Beaufort, der sie 1806 aufstellte)			
Stärke	Bezeichnung	km/Stunde	Auswirkungen
0	Windstille	unter 1	Rauch steigt senkrecht auf aus Schornsteinen.
1	Leiser Zug	1 - 5	Aufsteigender Rauch läßt die Windrichtung erkennen.
2	Leichte Brise	6 - 11	Wind ist im Gesicht spürbar; Blätter bewegen sich.
3	Schwache Brise	12 - 19	Dünne Zweige werden vom Wind bewegt.
4	Mäßige Brise	20 - 28	Papier und trockener Sand werden weitergeweht.
5	Frische Brise	29 - 38	Dünne Bäume schwanken; Wäsche beginnt zu flattern.
6	Starker Wind	39 - 49	Starke Äste bewegen sich; Pfeifgeräusche an Hausecken.
7	Steifer Wind	50 - 61	Große Bäume bewegen sich; Behinderung beim Gehen.
8	Stürmischer Wind	62 - 74	Zweige brechen; erhebliche Gehbehinderung.
9	Sturm	75 - 88	Einzelne Dachziegel werden angehoben.
10	Schwerer Sturm	89 -102	Bäume werden entwurzelt, Hausdächer abgedeckt.
11	Orkanartiger Sturm	103 -117	Schwere Schäden an Häusern; Autos werden unlenkbar.
12	Orkan	über 117	Verwüstungen schwerster Art.

Neuerdings unterteilt man den Orkan in 6 Stufen. Dadurch wurde die Windstärken-Skala bis zur Windstärke 17 erweitert. Letztere entspricht einer Windgeschwindigkeit von mehr als 202 km je Stunde.

Auf welche Windstärken lassen folgende Beobachtungen schließen?

Wenn eine Fahne zu flattern beginnt, schätze ich Windstärke ___ .

Wenn der Rauch eines Feuers im Freien senkrecht aufsteigt, schließe ich auf Windstärke ___ .

Wenn bei einem Gewitter hohe Fichten zu schwanken beginnen, schätze ich Windstärke ___ .

Wenn der Wind ein Garagendach abdeckt und im Garten eine Tanne umreißt, schätze ich mindestens Windstärke ___ .

6. Da man den Wind nicht sehen, sondern nur seine Wirkung beobachten kann, mache dir seine Geschwindigkeit an den nachfolgenden Vergleichen klar. Setze dabei mit Hilfe der Tabelle (Seite 30) in jeden Kreis die Windstärke ein! Ordne folgende Geschwindigkeiten den Vergleichsangaben zu und schreibe sie in die Klammern:

5 km/h (km je Stunde), 18 km/h, 36 km/h, 50 km/h, 100 km/h, 130 km/h.

Windstärke ◯ entspricht der durchschnittlichen Fortbewegung eines Fußgängers (_____).

Windstärke ◯ entspricht der auf unseren Bundesstraßen ohne Sonderregelung zulässigen Höchstgeschwindigkeit (_____).

Windstärke ◯ entspricht der Geschwindigkeit eines Radfahrers während einer Spazierfahrt (_____).

Windstärke ◯ entspricht der in Ortschaften zugelassenen Höchstgeschwindigkeit im Straßenverkehr (_____).

Windstärke ◯ entspricht der Schnelligkeit eines 100-m-Weltrekordläufers (_____).

Windstärke ◯ entspricht der auf den Autobahnen in der Bundesrepublik Deutschland empfohlenen Richtgeschwindigkeit (_____).

7. Winde werden benannt nach der Richtung, aus der sie kommen. Bedenke diese Regel und ergänze die folgenden Sätze:

Westwind kommt immer von _____ .

Wird Rauch nach Westen gelenkt, haben wir _____wind.

Nach NO wehender Wind heißt ____-Wind.

Wenn die Wolken nach SO ziehen, treibt sie ein ____-Wind.

Die Windfahne auf Seite 29 zeigt _____wind an.

Wenn sich Baumwipfel nach Norden biegen, bläst ein _____sturm.

An der Küste weht oft ein Landwind vom _____ zum Meer.

Seewind weht immer _____einwärts.

8. Am Barometer kannst du den gerade herrschenden Luftdruck ablesen (siehe S. 29). Wenn der Luftdruck sich ändert, folgt meist eine Änderung des Wetters, manchmal erst am nächsten oder übernächsten Tag. Steigender Luftdruck kündigt eine Wetterbesserung an, fallender Luftdruck hat häufig Niederschläge und lebhaften Wind zur Folge. Nachstehend sind dreimal Luftdruckwerte für je zwei aufeinanderfolgende Tage genannt. Welche Wetterentwicklung tritt in den drei Beispielen voraussichtlich ein? Trage in die umrahmten Felder ein:

Aufheiterung – Beständigkeit – Eintrübung – Niederschlag

1020 mb ⟶ 1006 mb ⟶ | ⟶ |

1000 mb ⟶ 1018 mb ⟶ | *Nachlassender Regen* → |

1040 mb ⟶ 1040 mb ⟶ | *Keine Änderung* → |

9. Du kannst das Wetter regelmäßig beobachten, sogar einzelne Elemente (= Bestandteile) des Wetters selber messen. Miß eine Woche lang dreimal täglich (um 07, 14 und 21 Uhr) die Temperatur im Schatten, und zwar möglichst in 2 m Höhe über einer Rasenfläche. Falls du im Zeitpunkt einer Messung verhindert bist, bitte jemand, dir zu helfen. Trage alle Werte in die folgende Tabelle ein! Um eine Nachtmessung zu vermeiden, mußt du die 21-Uhr-Temperatur zweimal einsetzen. Wenn du die Summe der vier Tageswerte durch vier teilst, erhältst du die durchschnittliche Tagestemperatur, das Tagesmittel. Trage auch die Tagesmittel ein!

Temperaturmessungen					
Datum	07 Uhr	14 Uhr	21 Uhr	21 Uhr	Tagesmittel
	°C	°C	°C	°C	°C
	°C	°C	°C	°C	°C
	°C	°C	°C	°C	°C
	°C	°C	°C	°C	°C
	°C	°C	°C	°C	°C
	°C	°C	°C	°C	°C
	°C	°C	°C	°C	°C

10. Mehr als 8000 Wetterstationen auf der ganzen Erde messen täglich mehrmals die einzelnen Wetterelemente und geben ihre Meß- und Beobachtungsergebnisse über Funk und Fernschreiber an die Wetterzentralen der Länder. Die Meteorologen (Wetterkundler) tragen die Werte in Wetterkarten ein. Eine vereinfachte Wetterkarte zeigt dir die folgende Abbildung. In ähnlicher Form siehst du Wetterkarten in Tageszeitungen und im Fernsehen. Schau dir die Wettersymbole in der Karte und die danebenstehenden Erläuterungen genau an, überlege gut und vervollständige den nachfolgenden Text (Seite 33)!

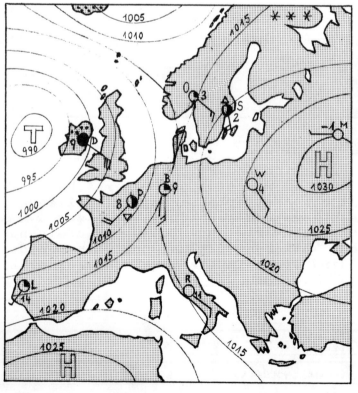

○ wolkenlos	⊶○ W-Wind Stärke 2
◔ heiter	NO-Wind Stärke 5
◑ halbbedeckt	
◕ wolkig	SW-Wind Stärke 7
● bedeckt	
≡ Nebel	H Hochdruckgebiet (Hoch)
•• Regen	
✳ Schnee	
▽ Graupeln	T Tiefdruckgebiet (Tief)
△ Hagel	
⍛ Gewitter	
⎯ 1010 ⎯	Isobare (Verbindungslinie zwischen Orten gleichen Luftdrucks) mit Angabe des Luftdrucks in Millibar (mb)

Jeder Ort, für den Meßwerte in die _____ eingetragen sind, ist durch einen kleinen _____ gekennzeichnet, der die Bewölkung anzeigt. Das mit ihm verbundene Windsymbol gibt die Wind_____ und die Wind_____ an. Die Wind_____ wird durch die Lage eines Striches gekennzeichnet. Daran angebrachte kleine Querstriche geben die Wind_____ an. Ein Querstrich bedeutet je nach seiner Länge eine oder zwei _____. Die _____ neben diesen Symbolen nennen die _____ in °C.

11. Die Isobaren (siehe Erläuterungen zur Wetterkarte) ziehen sich um Hoch- und Tiefdruckgebiete (kurz Hochs und Tiefs genannt). In einem Hoch herrscht sonniges, trockenes Wetter, in einem Tief regnerisches, oft stürmisches Wetter. Die Winde wehen immer vom Hoch zum Tief. Auf der Nord-Halbkugel verlassen sie das Hoch spiralförmig im Uhrzeigersinne und wehen spiralförmig gegen den Uhrzeigersinn ins Tief. Auf der Süd-Halbkugel ist die Drehrichtung umgekehrt. - Ergänze:

Auf der Wetterkarte zu Aufgabe 10 erkenne ich den Kern eines Tiefs _____ von Irland. Hochs liegen über Ost_____ und über Nord_____. Die Symbole zeigen mir, daß Winde aus dem osteuropäischen _____ kommen und im _____sinne darum drehen.

12. Die in der Wetterkarte mit ihren Anfangsbuchstaben gekennzeichneten Orte sind Hauptstädte europäischer Staaten. Stelle im Atlas ihre Namen fest und ergänze sie in der folgenden Tabelle! Dann entnimm der Wetterkarte die Angaben für die Wetterelemente an diesen Orten und trage sie in die dafür vorgesehenen Spalten ein! Das Beispiel Bonn zeigt dir, wie es gemacht wird.

O r t	Temp. in °C	Luftdruck in mb	Bewölkung	Niederschlag	Windstärke	Windrichtung
Bonn	9	1015	heiter	——	3	S
P						
D						
L						
R						
O						
S						
W						
M						

2. Niederschläge entstehen durch Kondensation der Luftfeuchtigkeit

1. Unter allen Wettererscheinungen sind die Niederschläge für den Menschen am auffälligsten und spürbarsten. Im folgenden Text erfährst du Einzelheiten über die Entstehung unterschiedlicher Niederschläge. Überprüfe die in der darunterstehenden Tabelle genannten Merkmale an dem Text und trage in die Tabelle diese Niederschlagsarten ein:
Hagel – Regen – Schnee – Graupeln – Sprühregen

In der Luft ist immer Wasserdampf enthalten. Diese mit einem Hygrometer meßbare Luftfeuchtigkeit (siehe Seite 29) wird manchmal spürbar. Du weißt aus eigener Beobachtung, daß sie sich im Zimmer bei Abkühlung der Luft an Scheiben und Spiegeln niederschlägt. Diesen Vorgang nennt man Kondensation. Genauso kondensiert die Luftfeuchtigkeit im Freien durch Abkühlung. Das geschieht zum Beispiel bei aufsteigender Luft in der Höhe. Die Feuchtigkeit schlägt sich an winzigen Staub- oder Rußteilchen nieder. Um solche „Kerne" bilden sich also die feinen Wolken- oder Nebeltröpfchen.

In den Wolken absinkende Wassertröpfchen werden oft von den aufsteigenden Luftströmungen wieder hochgerissen und stoßen bei diesem Auf und Ab mit anderen Tropfen zusammen. Dadurch entstehen größere Tropfen, die dann als Sprühregen oder Regen zur Erde fallen.

Bei Temperaturen unter 0° C gefrieren die winzigen Wolkentröpfchen zu Schneekristallen. Diese haben meist eine sechsstrahlige Form. Weil sie sich leicht ineinander verhaken, wachsen sie zu Schneeflocken zusammen.

Eiskörner bilden sich, wenn sich unterkühlte Wasserteilchen um winzige Schneekristalle lagern. Vor allem in Gewitterwolken verursachen starke Luftströmungen heftige Auf- und Abwärtsbewegungen der Eiskörner, die mit immer mehr Wasserteilchen zusammenstoßen und so zu Graupeln oder sogar zu Hagelkörnern anwachsen.

NIEDERSCHLAGSART:	MERKMALE:
_____	Tropfen mit einem Durchmesser von weniger als einem halben Millimeter.
_____	Tropfen mit einem Durchmesser von einem halben Millimeter oder mehr.
_____	Eiskörner mit einem Durchmesser bis zu 5 Millimetern.
_____	Eiskörner mit einem Durchmesser von mehr als 5 Millimetern.
_____	Ineinander verhakte und zu Flocken zusammengewachsene Eiskristalle.

2. Trage mit Hilfe des Textes zu Aufgabe 1 in die Schriftfelder die folgenden Merksätze ein, so daß Schemas für die Entstehung des Regens und des Schneefalls entstehen! Ergänze die beiden Überschriften!

Luft steigt auf – Luft steigt auf – Tropfen werden schwerer – Tropfen stoßen zusammen – Luftfeuchtigkeit kondensiert – Luftfeuchtigkeit kondensiert – Schneeflocken bilden sich – Temperatur sinkt unter 0° C – Luft kühlt sich ab – Luft kühlt sich ab – Tropfen fallen zur Erde – Schneekristalle entstehen

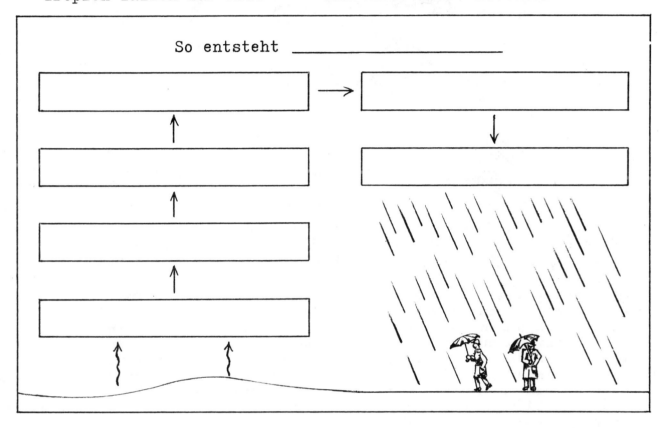

So entsteht _____

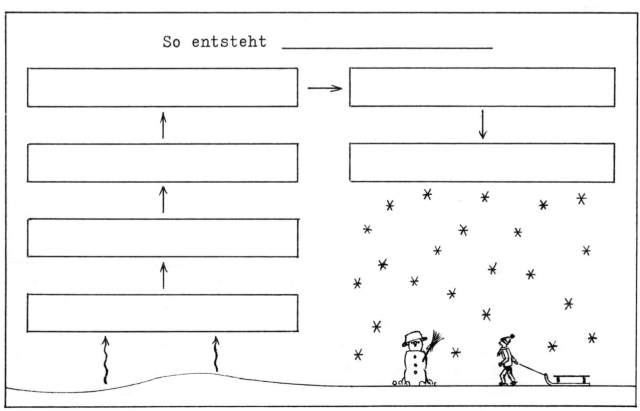

So entsteht _____

35

3. Steigungsregen, auch Stauregen genannt, entstehen, wenn der Wind Gebirge übersteigen muß. Besonders stark sind sie im Luv der Gebirge. Luv nennt man die dem Wind zugekehrte Seite der Gebirge, Lee heißt die dem Wind abgewandte Seite. Dort sind die Niederschläge merklich geringer.

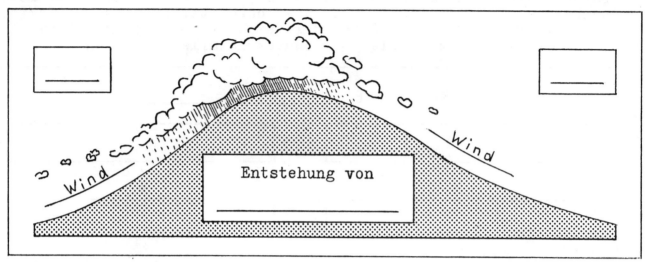

Entstehung von
_____

Betrachte die Zeichnung und setze die Begriffe „Lee", „Luv" und „Steigungsregen" in die vorgesehenen Felder! Zeichne an die Striche unter „Wind" Pfeilspitzen, um die Windrichtung anzugeben!

4. Die Gesamtmenge aller Niederschläge, die im Laufe eines Jahres an einem Ort fallen, nennt man Jahresniederschlag. Diese Niederschlagsmenge wird durch Addieren der Tageswerte errechnet und in Millimetern angegeben. Beachte in dem untenstehenden Querschnitt die schon eingedruckten Jahresniederschläge und die Höhenangaben! Sieh dir noch einmal die Aufgabe 3 an! Dann überlege genau und trage die folgenden, in dem Querschnitt fehlenden Niederschlagswerte ein: 720 mm, 1015 mm, 1180 mm und 1335 mm! Zeichne dann die fehlende Pfeilspitze an den unvollständigen Windrichtungspfeil in der rechten Hälfte der Abbildung! Schreibe in das links vorgesehene Schriftfeld den richtigen Begriff: entweder „Luvseite" oder „Leeseite"!

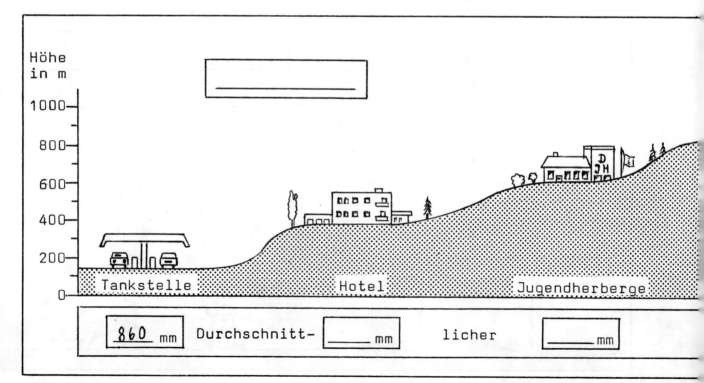

Höhe in m

1000—
800—
600—
400—
200—
0—

Tankstelle   Hotel   Jugendherberge

<u>860</u> mm Durchschnitt- _____ mm licher _____ mm

5. Wenn du Aufgabe 4 gelöst hast, wirst du die Lücken in den folgenden Erläuterungen zu dem Profil (Querschnitt) füllen können.

Die _____ enthält immer gasförmigen Wasserdampf. Warme Luft kann mehr Wasserdampf aufnehmen als _____. Darum scheidet sie ihn beim Abkühlen wieder aus. Dabei bilden sich winzige _____. In Bodennähe entsteht dann häufig Nebel, in der Höhe sprechen wir von _____. Da sich die Luft beim _____ abkühlt, bilden sich mit zunehmender Höhe immer dichtere _____. Aus ihnen fallen Niederschläge. Sie werden zur _____ hin immer stärker.

In der Abbildung fallen die _____ Niederschläge am Sendeturm, die geringsten am _____. Zwar hat die _____ die gleiche Höhenlage wie der Campingplatz, sie erhält jedoch _____ Niederschläge, weil sie auf der _____ des Gebirges liegt. Auch am _____ fallen aus diesem Grunde _____ Niederschläge als an dem auf gleicher Höhe liegenden _____. Die Jugendherberge wäre auf der _____ der Berge _____ Niederschlägen ausgesetzt als an ihrem jetzigen Platz.

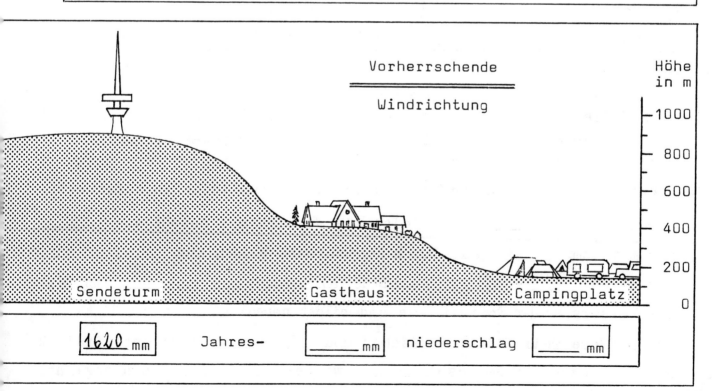

Vorherrschende
Windrichtung

Höhe in m

1000
800
600
400
200
0

Sendeturm   Gasthaus   Campingplatz

1620 mm   Jahres-   _____ mm   niederschlag   _____ mm

3. Niederschlag ist ein Teil im Kreislauf des Wassers

1. Die Abbildung verabschaulicht dir den Kreislauf des Wassers. Vergleiche die darunterstehenden Begriffe mit der Zeichnung und setze die vor den Begriffen stehenden Ziffern in die Kreise der Abbildung! (In der Zeichnung stehen dann einige Ziffern doppelt.)

1 Verdunstung	4 Grundwasser	7 Meer
2 Wolken	5 Quelle	8 Stromerzeugung
3 Niederschlag	6 Fluß	9 Trinkwassergewinnung

2. Vervollständige folgende Erläuterungen zur Abbildung in Aufgabe 1:

Verdunstetes _____ steigt als Wasserdampf sowohl vom _____ als auch vom _____ auf. Durch Kondensation bilden sich _____, aus denen _____ zur Erde fällt. Dort _____ ein Teil des Wassers an der Erdoberfläche und bildet neuen _____. Der größere Teil fließt in Bächen und _____ oder unterirdisch als Grundwasserstrom ins _____, wo der _____ neu beginnt.

3. Man unterscheidet zwischen großem und kleinem Kreislauf des Wassers. Als großer Kreislauf gilt der Weg des Wassers über Flüsse und Grundwasserströme ins Meer. Alle anderen Wege, auf denen es nicht ins Meer gelangt, sondern zum Beispiel von Hausdächern verdunstet, gehören zu den kleinen Kreisläufen. - Verdeutliche dir zunächst den großen Kreislauf! Trage dazu die folgenden Begriffe in die leeren Felder ein, so daß ein Schema des großen Wasserkreislaufs entsteht:

Fluß - Wolken - Quelle - Verdunstung - Meer - Bach

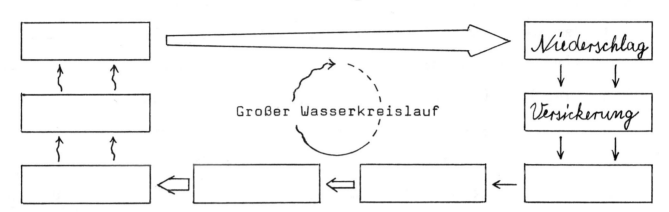

4. Überlege, ob sich in folgenden Beispielen das Wasser in den großen oder einen kleinen Kreislauf einordnen läßt! Trage die entsprechenden Ziffern unten ein!

Beispiel 1:	Wasser, das aus einem Teich verdunstet.
Beispiel 2:	Zum Rasensprengen genutztes Wasser.
Beispiel 3:	Ein langsam tauender Schneemann im Garten.
Beispiel 4:	Schneeflocken, die dir ins Gesicht wehen.
Beispiel 5:	Regenwasser, das aus Dachrinnen in die Kanalisation und durch diese in einen Fluß gelangt.
Beispiel 6:	Wassertropfen, die nach dem Schwimmen im Freibad an deinem Körper verdunsten.
Beispiel 7:	Die Niagarafälle (riesige Wasserfälle in Nord-Amerika) hinabstürzende Wassermassen.
Beispiel 8:	Feuchtigkeit, die draußen hängende Wäsche beim Trocknen abgibt.
Beispiel 9:	An Blättern und Halmen hängende Tautropfen, die sich in der Sonne auflösen.
Beispiel 10:	Hagelkörner, die auf die betonierte Böschung eines Flußufers fallen.
Beispiel 11:	Wasser, das von Bäumen über die Wurzeln aufgenommen und durch die Blätter verdunstet wird.
Beispiel 12:	Schmelzendes Gletschereis, das Gebirgsbäche speist.

Zum großen Kreislauf gehören die Beispiele _____

Zum kleinen Kreislauf gehören die Beispiele _____

5. Der natürliche Kreislauf des Wassers wird vom Menschen durch viel-
fältige Eingriffe unterbrochen, weil er das Wasser für die verschie-
densten Zwecke nutzt. Nenne Beispiele:

Der Mensch nutzt das Wasser

- im Haushalt zum _____

_____

- in der Landwirtschaft zum _____

- in der Industrie zum _____

- bei der Körperpflege zum _____

_____

In der Abbildung auf Seite 38 wird der natürliche _____ ____

_____ durch Anlagen zur _____ und zur

_____ unterbrochen.

6. Überlege, wo das vom Menschen genutzte Wasser bleibt! Streiche im
Kasten zwei Wörter, so daß eine richtige Aussage entsteht!

> Alles vom Menschen genutzte Wasser gelangt meist nicht wieder
> in einen Kreislauf zurück.

7. In der Bundesrepublik Deutschland fallen im Durchschnitt jährlich
800 mm Niederschlag, in einigen Gebieten mehr, in anderen weniger.
Würde dieses Wasser nicht in den Kreislauf zurückkehren, sondern
stehenbleiben, so würde es unser Land 80 cm hoch bedecken.
Stelle fest, ob die Niederschlagsmenge deines Heimatortes von der
der Bundesrepublik Deutschland abweicht! Die nächstliegende Wetterstation oder die Stadtverwaltung können dir den Wert nennen. Fülle
dann die Lücken aus und streiche die nicht zutreffenden Wörter:

> Die durchschnittliche jährliche Niederschlagsmenge beträgt in
>
> _____ ____ mm.
>
> Diese Menge ist kaum/erheblich/genau _____ als/wie
>
> die durchschnittliche Niederschlagsmenge der Bundesrepublik
>
> Deutschland.
>
> Könnte das Niederschlagswasser nicht abfließen, *vers* _____
>
> oder *verd* _____, so würde es nach einem Jahr den Boden mei-
>
> nes Heimatortes ____ cm hoch bedecken.

40

8. Würde man 1 Liter Wasser gleichmäßig auf einer Fläche verteilen, die 1 m² (= 1 Quadratmeter) groß ist (also 1 m lang und 1 m breit), so wäre diese Fläche 1 mm hoch mit Wasser bedeckt. Erkundige dich nach der Größe eures Sportplatzes und rechne aus, wieviel Liter Wasser jährlich durch Niederschläge auf ihn herunterfallen:

Bei uns fallen im Jahr durchschnittlich _____ mm Niederschlag; das

sind _____ Liter auf 1 m². – Unser Sportplatz ist _____ m² groß.

Auf ihn fallen also jährlich _____ Liter Niederschlag.

9.

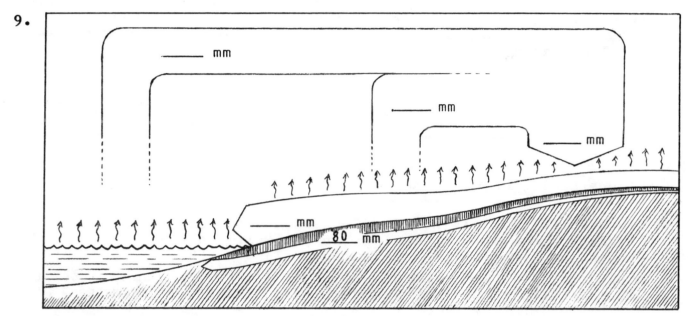

Du kennst die in der Bundesrepublik Deutschland durchschnittlich fallende Jahresniederschlagsmenge (siehe Aufgabe 7). Trage diese Zahl an der dafür vorgesehenen Stelle in die Schemazeichnung ein! Errechne nun mit Hilfe dieser Zahl und aus den Angaben in der folgenden Tabelle die Menge der Niederschläge, die a) auf Verdunstung vom Land und b) auf Verdunstung aus dem Meer zurückgeht. Setze auch diese Zahlen in die Abbildung ein! Beachte dann die schon eingetragene Menge des Grundwasserabflusses ins Meer, überlege und berechne den oberirdischen Wasserabfluß ins Meer. Trage auch diesen Wert ein!

In der Bundesrepublik Deutschland verdunsten über dem Land im Jahres- und Landesdurchschnitt

– durch Pflanzen:	290 mm
– vom Erdboden und von der Oberfläche aller Bauten:	100 mm
– aus Gewässern:	10 mm
– durch Industrieanlagen und Haushalte:	10 mm

10. Du hast erfahren, daß alle Niederschläge die Folge von Verdunstung und Kondensation sind. Ohne Verdunstung wäre also gar kein Niederschlag möglich. Überlege, wodurch die Verdunstung verursacht wird! Wer liefert die Energie und hält demnach den Kreislauf des Wassers in Bewegung? Formuliere einen Satz:

_____

_____

4. Das Klima wird berechnet

1. Du weißt, daß sich das Wetter von einem zum nächsten Tag entscheidend ändern kann. Trotzdem gibt es im Jahresablauf gewisse Regelmäßigkeiten. Denke z.B. an die Temperaturen! Sie steigen bei uns zum Sommer hin an und sinken zum Winter wieder ab. Solche durchschnittlich wiederkehrenden Wetterabläufe kann man für große Gebiete, aber auch für jeden Ort feststellen. Um möglichst genaue Aussagen machen zu können, muß man die Wetterelemente über Jahrzehnte hinweg jeden Tag messen und notieren. Aus diesen Zahlen lassen sich dann Monats- und Jahresdurchschnittswerte errechnen. Diese Durchschnitts- oder Mittelwerte kennzeichnen das Klima eines Ortes. Die folgende Klimatabelle nennt dir als Beispiel die langjährigen Mittelwerte der Temperatur und der Niederschläge von Aachen.

Aachen – 204 m über dem Meeresspiegel – 51° n.Br., 6° ö.L.													
Monat:	J	F	M	A	M	J	J	A	S	O	N	D	Jahr
Temperatur in °C:	2	3	5	8	12	15	17	16	14	10	5	3	9
Niederschlag in mm:	68	58	61	61	60	75	91	78	70	75	65	78	840

Den Begriff „Mittelwert" hast du schon auf Seite 32 kennengelernt. Überlege, wie die Mittelwerte in der Klimatabelle wohl berechnet wurden, und ergänze den nachfolgenden Text durch diese Wörter:

Addition – Addition – Anzahl – Jahresmittelwert – Jahresmittelwerte – Monatsmittelwerte – Mittelwerte – Jahresniederschlagsmenge – Jahre – Jahre – Monate – Temperatur – täglichen – täglichen

Die monatlichen Niederschlagsmengen erhält man durch _____ der _____ Niederschlagsmengen. Durch _____ der Monatsmengen erhält man die _____ .

Den Monatsmittelwert der _____ erhält man, indem man die _____ _____ addiert und die Summe durch die _____ der Monatstage dividiert.

Den _____ der Temperatur erhält man, indem man die _____ addiert und die Summe durch 12 dividiert.

Die langjährigen Monatsmittelwerte erhält man, indem man die Mittelwerte der gleichen _____ vieler Jahre addiert und die Summe durch die Anzahl der _____ dividiert. Die langjährigen Jahresmittelwerte erhält man, indem man die _____ vieler Jahre addiert und die Summe durch die Anzahl der _____ dividiert.

2. Fülle die Klimatabelle für Nürnberg aus (Seite 43)! Die langjährigen Monatsmittelwerte der Temperatur und der Niederschläge betragen von Januar bis Dezember in °C und mm: -1/35, 0/31, 3/39, 8/35, 12/56, 16/66, 18/76, 17/58, 13/51, 7/43, 3/39, 0/43. Berechne auch die Jahresmittel! Beachte dabei besonders das Januarmittel der Temperatur!

Nürnberg – 320 m über dem Meeresspiegel – 49° n.Br., 11° ö.L.												
Monat:												Jahr
Temperatur in °C:												
Niederschlag in mm:												

3.
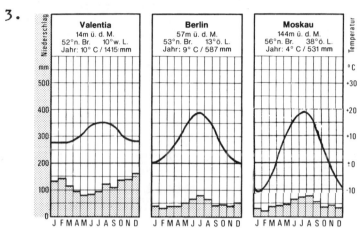

Klimadiagramme erleichtern den Vergleich von Klimawerten. Sieh dir die drei Beispiele genau an und ergänze folgenden Satz:

Jedes Klimadiagramm enthält den mittleren Jahresgang von _____ und _____ _____, dazu die _____lage der Meßstation sowie deren Lage im _____ der Erde.

4. Zeichne nach den Klimatabellen von Aachen und Nürnberg Klimadiagramme! Zur Erleichterung sind im ersten Diagramm die Monatsmittelwerte der Temperatur durch Punkte gekennzeichnet und die Höhen der monatlichen Niederschlagssäulen eingezeichnet. Du brauchst die Punkte nur noch mit einer Linie zu verbinden und die Niederschlagssäulen dunkel zu färben. Trage in das zweite Diagramm zunächst die Temperaturpunkte ein und zeichne die Kurve! Dann lege die Höhen der Niederschlagssäulen fest und färbe die Säulen dunkel! Vergiß nicht, die Jahresmittelwerte einzutragen!

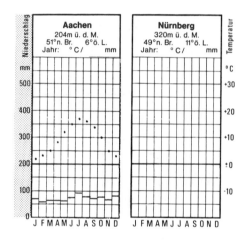

5. Stelle auf einer Europakarte im Atlas fest, wo die Klimastationen Valentia (eine kleine Insel vor der SW-Küste Irlands), Berlin und Moskau liegen! Benutze dazu die Angaben über ihre Lage im Gradnetz (siehe Aufgabe 3)! Aus der Lage der Stationen zum Atlantischen Ozean und den Jahresmitteln der Niederschläge kannst du auf die in einem großen Teil Europas vorherrschende Windrichtung schließen. Überlege und nenne den Wind: _____

6. Man unterscheidet Seeklima und Landklima. In küstennahen Gebieten sind die Temperaturschwankungen während eines Tages und auch während eines Jahres geringer als im Innern der Kontinente; denn das Meer mildert die Temperaturen. Im Innern der Kontinente sind die Tages- und Jahresschwankungen der Temperaturen dagegen hoch. Die Niederschläge sind hier geringer und fallen vorwiegend im Sommer. Zwischen beiden Klimabereichen liegt ein Gebiet mit Übergangsklima. – Ordne die fünf Klimastationen der Aufgaben 3 und 4 den Klimatypen zu:

_____ und _____ haben Seeklima. _____ hat Landklima. _____ und _____ haben Übergangsklima.

7. Für das Klima eines Ortes ist es von Bedeutung, welche Wärmemenge die Erdoberfläche von der Sonne empfängt. Die Erdoberfläche gibt die Wärme wie ein Heizkörper an die Luft ab; sie selbst wird allerdings unterschiedlich stark erwärmt. Die Wärmewirkung der Sonnenstrahlen hängt nämlich davon ab, ob die Strahlen steil, schräg oder sogar nur flach auf die Erde fallen. Mache dir das an der Zeichnung deutlich und ergänze den darunterstehenden Lückentext durch folgende Wörter:

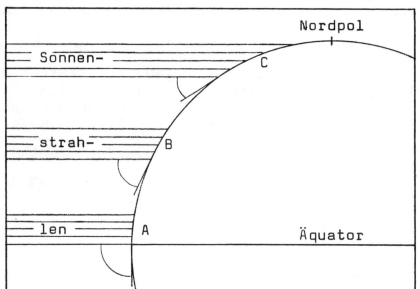

Erdoberfläche
Erwärmung
erheblich
etwas
flach
meiste
schräg
Sonnenstrahlen
steil
Strahlenbündel
verschieden
Wärme

Die Sonnenstrahlen fallen bei A _____ , bei B _____ und

bei C _____ auf die _____ . Bei B verteilen sich

die _____ auf eine _____ größere Fläche und

bei C auf eine _____ größere Fläche als bei A. Gleich große

_____ müssen also _____ große Flächen

erwärmen. Dadurch ist die _____ der Flächen unterschiedlich

stark. Die Erdoberfläche erhält bei A die _____ _____ .

8. Vergleiche die in der Zeichnung (Aufgabe 7) mit einem Kreisbogen gekennzeichneten Winkel und trage in folgende Aussagen die Buchstaben A, B oder C ein:

Bei __ und __ fallen die Sonnenstrahlen in spitzeren Winkeln auf

die Erdoberfläche als bei __ .

Der Einfallwinkel der Sonnenstrahlen ist bei __ am spitzesten.

9. Aus dem in den Aufgaben 7 und 8 Gelernten kannst du einen Merksatz ableiten. Trage ihn in den folgenden Kasten ein! Jeder Punkt entspricht einem Buchstaben. Alle *i* und *n* sind schon eingetragen.

. *i* . . . . *i* . . . *n* .

. . . . . *n* *n* . *n* . . . . *n* . . *n* . . . . *n*

i . . . . . . *i* *n* . . . . *i* *n* . . . . . . *!*

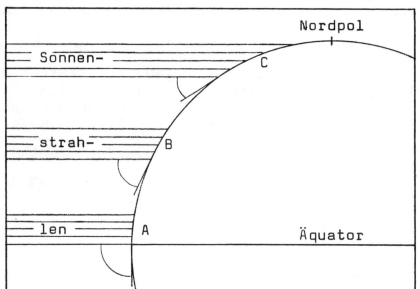

44

10. Durch die unterschiedlich starke Erwärmung der Erdoberfläche entstehen die sogenannten Solarzonen (solar = von der Sonne herrührend). Wir unterscheiden eine tropische (heiße) Zone, zwei gemäßigte Zonen und zwei Polarzonen. Beachte in der Abbildung die Einfallwinkel der Sonnenstrahlen, überlege und trage die fehlenden Namen ein!

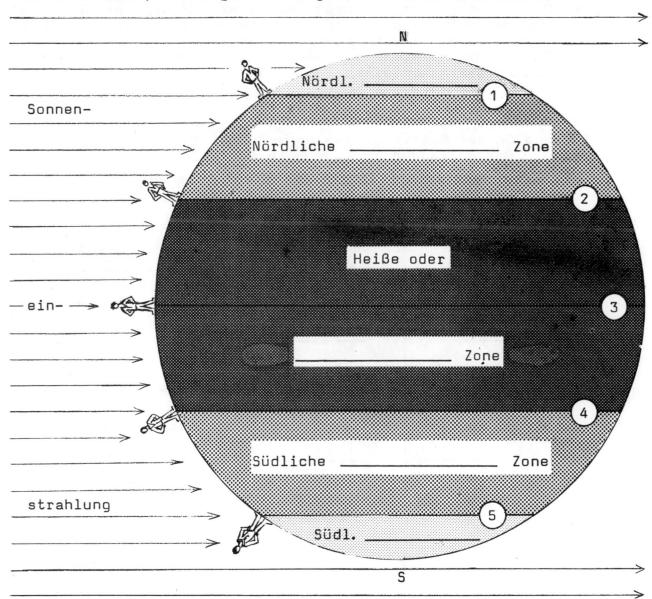

Die Grenzen zwischen den Solarzonen sind bestimmte Breitenkreise, deren Namen du schon kennengelernt hast. Trage diese Namen, den Ziffern in der Abbildung entsprechend, hinter den gleichen Ziffern im nebenstehenden Kasten ein! Wenn du nicht sicher bist, sieh auf den Seiten 25 und 26 nach!

1 = _____
2 = _____
3 = _____
4 = _____
5 = _____

11. Betrachte die in der Abbildung zu Aufgabe 10 eingezeichneten Figuren! Auf eine davon scheint die Sonne senkrecht herab. Wie heißt der Breitenkreis, auf dem diese Figur steht? Trage den Namen rechts ein!

_____

12. Die Solarzonen unterscheiden sich nicht nur durch die unterschiedliche Erwärmung der Erdoberfläche, sondern auch durch die verschieden lange Dauer des von der Sonne gespendeten Tageslichtes. In der Nähe des Äquators, wo die Sonne scheinbar im Laufe eines Jahres zwischen den beiden Wendekreisen einmal hin- und herpendelt (siehe Seite 27), sind die Tage während des ganzen Jahres annähernd gleich lang. Nach den Polen hin werden die Unterschiede zwischen den Längen der Tage und Nächte immer größer. Jenseits der Polarkreise gibt es schließlich den Polartag und die Polarnacht; beide dauern an den Polen ein halbes Jahr (siehe Seite 25).

Stelle eine Übersicht der Tageslängen in den Solarzonen zusammen! Trage dazu in den vorbereiteten Kasten zunächst links die Namen der Solarzonen ein, und zwar in der Folge von N nach S. Dann ordne jeder Solarzone in der Spalte „Tageslängen" zwei Merkmale zu! Wähle dazu aus jeder der folgenden zwei Gruppen für jede Zone ein Merkmal aus!

1. Stärkster Wechsel der Tageslängen – Stärkster Wechsel der Tageslängen – Alle Tage annähernd gleich lang – Tage unterschiedlich lang – Tage unterschiedlich lang

2. Tageslänge etwa 12 Stunden – Polartag bis zu 6 Monaten – Polartag bis zu 6 Monaten – Längste Tage im Dezember – Längste Tage im Juni

SOLARZONE	TAGESLÄNGEN
_____	1. _____
_____	2. _____
_____	1. _____
_____	2. _____
_____	1. _____
_____	2. _____
_____	1. _____
_____	2. _____
_____	1. _____
_____	2. _____

13. Die Solarzonen bilden die Grundlage für die Einteilung der Erdoberfläche in Klimazonen. Eigentlich müßten die Klimazonen die Erde wie die Solarzonen als gleichmäßige Bänder umspannen. Die Karte auf Seite 47 zeigt dir, daß das nicht der Fall ist. Der Grund liegt in der Vielgestaltigkeit der Erdoberfläche. Die Verteilung der Ozeane und Kontinente, der Wechsel zwischen Tiefländern und Hochgebirgen sowie die Einflüsse kalter und warmer Meeresströmungen lassen die Grenzen der Klimazonen von denen der Solarzonen abweichen.

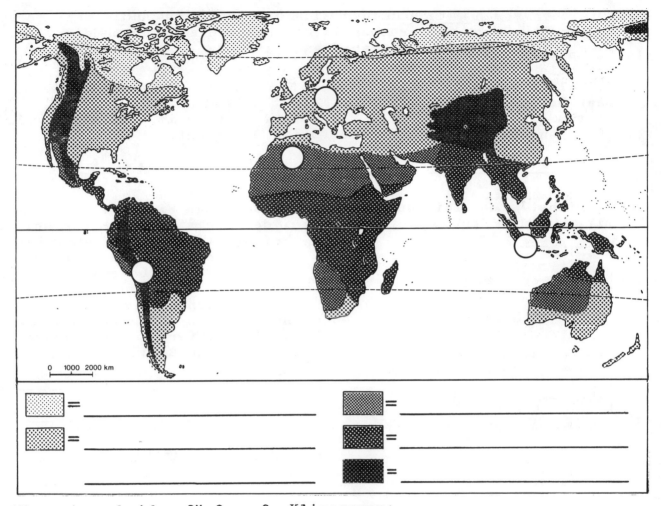

⬜ = _____	▦ = _____
⬜ = _____	▨ = _____
_____	⬛ = _____

Wir unterscheiden fünf große Klimazonen:
KLIMATE DER GEMÄSSIGTEN ZONEN – TROCKENKLIMATE – SCHNEE–EIS–KLIMATE – HÖHENKLIMATE – TROPISCHE REGENKLIMATE

Schau dir die Karte genau an! Vergleiche sie mit der Abbildung auf Seite 45 und mit einer physischen Weltkarte im Atlas! Überlege dann gut und trage die Namen der Klimazonen in die Legende ein!

14. Suche mit Hilfe der Angaben in den Klimadiagrammen (Lage im Gradnetz) die 5 Orte im Atlas! Trage unten die Länder ein, in denen sie liegen!

Ordne dann die Diagramme den Klimazonen zu, indem du die Nummern der Klimadiagramme in die Kreise der obigen Karte (Aufgabe 13) überträgst!

Niederschlag

① La Paz
3700 m ü.d.M.
16° s.Br.   68° w.L.
Jahr: 9°C / 563 mm

② Upernavik
18 m ü.d.M.
73° n.Br.   56° w.L.
Jahr: –9°C / 233 mm

③ In-Salah
273 m ü.d.M.
27° n.Br.   2° ö.L.
Jahr: 25°C / 15 mm

④ Warschau
120 m ü.d.M.
52° n.Br.   21° ö.L.
Jahr: 7°C / 498 mm

⑤ Djakarta
8 m ü.d.M.
6° s.Br.   107° ö.L.
Jahr: 26°C / 1819 mm

Temperatur

Die Klimastationen liegen in folgenden Ländern:

① _____   ② _____   ③ _____   ④ _____   ⑤ _____

Schulbuchabteilung
der Pädagogischen Hochschule
Kiel

ANWENDUNGSBEISPIELE FÜR DEN HEIMATORT

1. Du hast in diesem Arbeitsheft gelernt, wie man sich auf der Erde orientiert, wie man Wettervorgänge beobachtet und mißt und wie man das Klima eines Ortes berechnet. Nun kannst du das Gelernte an ein paar Beispielen auf deinen Heimatort anwenden.
Bestimme zunächst die Lage deines Heimatortes im Gradnetz der Erde!
(Eine Angabe hast du schon auf Seite 9 gemacht.)

_____ liegt auf ____° n.Br. und ____° _____ .

2. Du siehst in der Zeichnung eine unvollständige Windrose. Ergänze sie mit einfachen Strichen! Nimm nun an, der Kreis in der Mitte sei dein Heimatort! Wähle auf einer Heimat- oder Autokarte 5 Nachbarorte aus! Bestimme deren Lage in der Zeichnung mit Hilfe der Windrose und der Entfernungskreise! Kennzeichne die Lage durch Kreise, in die du die Ziffern 2 bis 6 schreibst! Die Orte heißen:

① = _____

◯ = _____

◯ = _____

◯ = _____

◯ = _____

◯ = _____

3. Lege eine Klimatabelle deines Heimatortes an und ergänze die untenstehenden Aussagen! Die Monatsmittelwerte kannst du von einer nahegelegenen Wetterstation oder von der Stadtverwaltung erfahren.

_____ - ____ m über d. M. - _____												
Monat:												Jahr
Temperatur in °C:												
Niederschlag in mm:												

Nach den langjährigen Mittelwerten für _____ ist

     der kälteste Monat: _____

     der wärmste Monat: _____

     der niederschlagsreichste Monat: _____

     der niederschlagsärmste Monat: _____

Schulbuchabteilung
der Pädagogischen Hochschule
Kiel